Jutta Braun/René Wiese

Sportgeschichte vor Gericht

Ein Gutachten zu Dopingpraxis und SED-Unrecht im DDR-Sport

Herausgegeben von
Landessportbund Thüringen e.V.
und Thüringer Staatskanzlei

Arete Verlag Hildesheim

Bibliografische Information der Deutschen Nationalbibliothek
Die Deutsche Bibliothek verzeichnet diese Publikation in der Deutschen National-bibliografie; detaillierte bibliografische Daten sind im Internet über http://dnb.ddb.de abrufbar.

Umschlagfotos: imago/Pressefoto Baumann, imago/Camera 4, imago/Camera 4
Layout, Satz und Umschlaggestaltung: Composizione Katrin Rampp, Kempten
Druck und Verarbeitung: CPI books, Leck
ISBN 978-3-96423-127-7

Braun/Wiese · Sportgeschichte vor Gericht

Inhaltsverzeichnis

Dopingpraxis und SED-Unrecht. Einleitung

Jutta Braun/René Wiese

Fragestellungen

Die Anwendung unerlaubter Mittel der Leistungssteigerung, kurz Doping, gehört zu den wenigen Bereichen, die nach 1989/1990 bei der Aufarbeitung der SED-Diktatur als „Geschichte vor Gericht"[1] einer juristischen Bewertung unterzogen wurden. Zugleich bildet dieses Thema den Gegenstand bis heute anhaltender Debatten nicht nur über die Geschichte der DDR, sondern auch den Zustand der inneren Einheit Deutschlands.[2] Die Frage, wer als „Dopingopfer" gelten kann oder nicht, war einer der Triggerpunkte[3] aktueller Kontroversen um die DDR-Vergangenheit.[4] Entsprechend eines seit gut zehn Jahren erkennbaren Anliegens der historischen Forschung wie der politischen Bildung, eine „Aufarbeitung der Aufarbeitung"[5] anzuregen, ist es auch im Fall der historischen wie geschichtspolitischen Verortung des Doping-Komplexes erforderlich, zunächst einige der wesentlichen Stationen der bisherigen historischen Aufklärung und öffentlicher Diskurse hierüber zu reflektieren. Denn die vorliegende Studie, die sich eine Auswertung von Gerichtsakten als bislang selten genutzter Quellengrundlage zum Ziel setzt, möchte hiermit ausdrücklich auf einige Defizite und blinde Flecken reagieren, die sich in der bisherigen Forschungslandschaft auftun.

Als Beginn der Nachwende-Aufklärung des Leistungssports der DDR kann eine Reise in den brandenburgischen Kurort Bad Saarow gelten, die kurz vor Heiligabend 1990 vom Heidelberger Molekularbiologen Professor Dr. Werner Franke und seiner Ehefrau Brigitte Berendonk angetreten wurde. In der dortigen Militärmedizinischen Akademie vermuteten sie wissenschaftliche Arbeiten zur Dopingforschung – und wurden fündig. Der Einblick in die Geheimstudien ergab „Ungeheuerlichkeiten: Betrug en gros, illegale Menschenversuche", darunter Anabolikaexperimente an Jugendlichen. Trotz einer Genehmigung des Verteidigungsministeriums, die streng geheimen Dissertationen und Habilitationen entleihen zu dürfen, setzten ihnen die Mitarbeiter zunächst erbitterten Widerstand entgegen: „Selbst der schreiende Verschlusssachenoberst, Verteidiger der DDR-Betrugs-Fachliteratur bis zum letzten Atemzug

1 Frei, Norbert/van Laak, Dirk/Stolleis, Michael (Hrsg.): Geschichte vor Gericht. Historiker, Richter und die Suche nach Gerechtigkeit, München 2000.

2 Vgl. unlängst: Oschmann, Dirk: Der Osten: eine westdeutsche Erfindung, Berlin 2023.

3 Mau, Stefan/Lux, Thomas/Westheuser, Linus: Triggerpunkte. Konflikt und Konsens in der Gegenwartsgesellschaft, Berlin 2023.

4 Vgl. zu neuen Forschungsergebnissen und ihrer Deutung: Im Maschinenraum der Diktatur. Interview mit Jutta Braun, Frankfurter Allgemeine Zeitung, 4.10.2023.

5 Schaarschmidt, Thomas/Handro, Saskia: Aufarbeitung der Aufarbeitung. Die DDR im geschichtskulturellen Diskurs, Schwalbach 2011.

(›Sie geben sofort die Arbeiten zurück!‹ [...] ›Das hat's ja noch bei keiner Armee der Welt gegeben!‹) konnte nicht verhindern, dass die Wahrheit über den DDR-Sport sichergestellt und mit dem ordnungsgemäßen Stempel ›Geheimhaltung aufgehoben‹ in einer bundesdeutschen Reisetasche landete, gerettet für die Geschichte."[6]

Das auf Basis dieses Materials sowie weiterer eigener Forschungen 1991 von Berendonk und Franke vorgelegte Werk „Doping: Dokumente: Von der Forschung zum Betrug" ist bis heute ein Standardwerk der Aufklärung geblieben, auch weil es eine lodernde Anklage gegen Doping-Betrug in Ost *und* West darstellte und damit seiner Zeit weit voraus war.[7] Im gleichen Jahr erstattete Werner Franke Strafanzeige gegen Verantwortliche des DDR-Sports. Das Dopingsystem wurde damit zu einem der Bereiche, in denen die Zentrale Ermittlungsstelle für Regierungs- und Vereinigungskriminalität (ZERV) ihre Untersuchungen zur strafrechtlichen Aufarbeitung der SED-Diktatur aufnahm. Im Rahmen der bald anrollenden sogenannten „Dopingprozesse" erhielten zahlreiche Funktionäre, Trainer sowie Ärzte und Ärztinnen Geld- und Bewährungsstrafen, darunter auch der ehemalige Präsident des Deutschen Turn- und Sportbundes (DTSB) Manfred Ewald sowie der im Sportmedizinischen Dienst (SMD) für Doping zuständige Manfred Höppner.[8] Zum ersten und einzigen Mal wurden damit die Vergehen eines kommunistischen Staatssports vor Gericht gestellt und abgeurteilt. Zugleich wurden die Prozesse aus den Kreisen ehemaliger SED-Machthaber als „Siegerjustiz" diffamiert – es gehe, so Egon Krenz, „nicht um Doping, es geht darum, daß hier Revanche genommen wird, weil die DDR im Sport gewonnen hat, weil sie besser war als die alte Bundesrepublik".[9]

Dieses Narrativ, das bis heute in verschiedenen Variationen in der politischen und publizistischen Landschaft präsent ist, ignoriert die Tatsache, dass es einer der wichtigsten Funktionäre des DDR-Sportsystems, Manfred Höppner, selbst gewesen ist, der durch seine offenherzige Präsentation von internen Staats-Dokumenten im *Stern* Ende 1990 die Aufklärungswelle mit vorantrieb.[10] Es ignoriert auch die Tatsache, dass es sich bei den Nebenklägern der Verfahren sämtlich um Ostdeutsche handelte. Doch ist die Behauptung auch deshalb so zählebig, da sich die ehemals Verantwortlichen des DDR-Sports außerhalb der Verfahren weitgehend in Schweigen hüllten. Aus diesem Grund sind die Akten der Doping-Prozesse als Quelle von erheblicher Bedeutung:

6 Diese Zitate entstammen dem Kapitel „Die Reise nach Bad Saarow" in: Berendonk, Brigitte: Doping Dokumente: Von der Forschung zum Betrug. Berlin 1991, S. 68–72.

7 Braun, Jutta: „Auf Jahre unschlagbar". Die deutsche Vereinigung als Sportereignis, in: Sabrow, Martin/Siebeneichner, Tilmann/Weiß, Peter Ulrich (Hrsg.): 1989 – (K)eine Zäsur? Göttingen 2021, S. 120–143.

8 Galandi, Michaela: Die strafrechtliche Aufarbeitung von DDR-Zwangsdoping, Baden-Baden 2022.

9 Neid auf die Erfolge der DDR? Taz, 27.4.1998.

10 Wie die DDR Sieger machte. Stern, 29.11.1990. „Ich stehe heute noch dazu". Stern, 29.11.1990.

Denn hier kann erstmals präzise nachgelesen werden, wie sich die Verantwortlichen zu ihren Handlungen positionierten. Aus den Vernehmungen der Ärzte- und Trainerschaft sowie Sportfunktionäre werden nicht nur viele Details deutlich, die bislang von der Forschung nicht rekonstruiert werden konnten. Sie berühren zudem so zentrale Fragen wie die der Verantwortung und Handlungsspielräume in der Diktatur. Markant ist auch die Differenz, die sich zwischen gerichtlichen Einlassungen und öffentlichen Aussagen auftut. Die Publizistik ehemaliger Sportfunktionäre der DDR zielte darauf ab, die Doping-Verfahren als „politische Prozesse" darzustellen, die man „selbst mit den überzeugendsten Argumenten, nicht gewinnen kann".[11]

Nun ist es jedoch möglich, die Involvierung der Hauptverantwortlichen im Deutschen Turn- und Sportbund, im Sportmedizinischen Dienst und anderen Einrichtungen des Leistungssports anhand ihrer eigenen Aussagen kenntlich zu machen. Zudem bietet die Vielzahl von Zeugenvernehmungen Nicht-Beschuldigter, gleichwohl Beteiligter des Systems, einen einmaligen Einblick in den „Maschinenraum" einer Diktatur. Eine zweite wichtige Quellengrundlage bieten nach wie vor die Staats- und Parteiakten der DDR und die des Ministeriums für Staatssicherheit. Seit den 1990er-Jahren haben vor allem Berendonk/Franke[12] und Giselher Spitzer[13] zahlreiche Forschungsergebnisse auf dieser Grundlage vorgelegt. Zudem haben die Forscher und Forscherinnen des ehemaligen Arbeitsbereichs Zeitgeschichte des Sports der Universität Potsdam sowie des Zentrums deutsche Sportgeschichte in Berlin verschiedene Studien erarbeitet.[14] Jüngere Publikationen entstanden zudem im Umfeld der

---

11 Köhler, Thomas: Zwei Seiten der Medaille, Berlin 2010, S. 204.

12 Vgl. Berendonk, Doping; Franke, Werner: Funktion und Instrumentalisierung des Sports in der DDR: Pharmakologische Manipulation (Doping) und die Rolle der Wissenschaft, in: Materialien der Enquete-Kommission „*Überwindung der Folgen der SED-Diktatur in Deutschland*", Bd. III, 1, Baden-Baden 1995, S. 904–1143; Berendonk, Brigitte/Franke, Werner: Hormondoping als Regierungsprogramm. Mit Virilisierung von Mädchen und Frauen zum Erfolg, in: Hartmann, Grit (Hrsg.): Goldkinder. Die DDR im Spiegel ihres Spitzensports, Leipzig 1998, S. 166–187.

13 Vgl. Spitzer, Giselher: Doping in der DDR. Ein historischer Überblick zu einer konspirativen Praxis. Genese – Verantwortung – Gefahren, Köln 1998; Ders.: Auftrag Politbüro: Spitzensport – Spritzensport – Spitzelsport. Die Drahtzieher des systematischen Staatsdopings, in: Seppelt, Hans-Joachim/Schück, Holger (Hrsg.): Anklage: Kinderdoping. Das Erbe des DDR-Sports, Berlin 1999, S. 97–115; Ders.: Spätschäden durch Doping bei Sportlern der ehemaligen DDR, in: Müller-Platz, Carl (Red.): Leistungsmanipulation: eine Gefahr für unsere Sportler, Köln 1999, S. 27–46; Ders.: Sicherungsvorgang Sport. Das Ministerium für Staatssicherheit und der DDR-Spitzensport, Schorndorf 2005; Ders.: Wunden und Verwundungen. Sportler als Opfer des DDR-Dopingsystems. Eine Dokumentation, Köln 2007.

14 Braun, Jutta/Barsuhn, Michael (Hrsg.): Zwischen Erfolgs- und Diktaturgeschichte. Perspektiven der Aufarbeitung des DDR-Sports in Thüringen, Göttingen 2015; Wiese, René: Kaderschmieden des „Sportwunderlandes". Die Kinder- und Jugendsportschulen der DDR, Hildesheim 2012, S. 536–540; Wiese, René/Braun, Jutta/de la Garza, Claudia: ZOV Sportverräter. Spitzensportler auf der Flucht. Berlin 2011; Braun, Jutta: Enquete-Gutachten zum Themenfeld Sport für die Enquete-Kommission 5/1 des Brandenburger Landtages. Potsdam, 13.1.2013 (unter Mitarbeit von René Wiese und Carina Sophia Linne); Braun, Jutta: „Dopen für Deutsch-

Landesbeauftragten für die Aufarbeitung der SED-Diktatur in Mecklenburg-Vorpommern.[15] Auch der Doping-Opfer-Hilfeverein recherchiert historische Dokumente und macht diese zugänglich.[16]

Eine breite Quellengrundlage hat der Vizechef des Sportmedizinischen Dienstes Manfred Höppner in seiner zwar vielfach zitierten, erstaunlicherweise historisch aber nur partiell ausgewerteten Akte „IM Technik" durch Gespräche mit seinem Führungsoffizier beim Ministerium für Staatssicherheit (MfS) selbst erschaffen. Bemerkenswert ist, dass sich auf den Hunderten von Seiten en Detail das Unbehagen, zuweilen auch das Erschrecken nachlesen lässt, das Höppner selbst, aber auch Ärzte oder Trainer im Rahmen der Dopingpraxis beschlich. Zugleich wird in den Ermittlungsakten etwas kenntlich, das ebenfalls aus der Darstellung des DDR-Sports bislang weitgehend ausgeblendet blieb: Der Druck, der auf *allen* Beteiligten lastete, nicht nur den Sportkadern, sondern auch den Organisatoren des Dopingsystems, von Manfred Ewald bis hin zu einzelnen Ärzten. Hier wird deutlich, auf welche Weise das „Sportwunderland" Teil einer Diktatur war, deren Mechanismen sich Einzelne nur um den Preis des Ausscheidens aus ihrem beruflichen Teil-System entziehen konnten. Die Möglichkeit einer öffentlichen Debatte, etwa über Kinder-Doping, war schlicht nicht vorhanden, ebenso endeten Versuche, Proteste im Inneren des Apparats zu artikulieren, regelmäßig in Disziplinierungsmaßnahmen.

Die Gerichtsakten, ergänzt um zeitgenössische Akten, bieten einen vielstimmigen und differenzierten Einblick aus Sicht der ostdeutschen Akteure und Akteurinnen. Dies ist umso wichtiger, da zuweilen mit wissenschaftlich nicht tragfähigen Methoden suggeriert wird, es herrsche eine retrospektive, von westlichen Akteuren betriebene Deformation des Bildes des Leistungssportsystems der DDR vor.[17] Es ist der Versuch, die problematischen Seiten des DDR-Herrschaftssystems als „westdeutsche" Erfindung oder doch nachträgliche Fehlinterpretation aus Sicht westlich dominierter Medien und Historiker und Historikerinnen zu deuten.[18] Dabei stammten zahlreiche

land – die Diskussion im vereinten Sport 1990–1992", in: Latzel, Klaus/Niethammer, Lutz (Hrsg.): Hormone und Hochleistung. Doping zwischen Ost und West, Köln 2008, S. 151–170.

15 Richter, Daniela: Wissenschaftlich begründet? Politische Einflussnahmen, Geheimhaltung und Forschungen am Forschungsinstitut für Körperkultur und Sport, Leipzig/Schwerin 2021; Landesbeauftragte für Mecklenburg-Vorpommern für die Aufarbeitung der SED-Diktatur (Hrsg.): DDR-Staatsdoping und Sportgeschädigte. Zur Aufarbeitung des DDR-Leistungssportsystems und der gesundheitlichen Folgeschäden, Schwerin 2023; Landesbeauftragte für Mecklenburg-Vorpommern für die Unterlagen des Staatssicherheitsdienstes der ehemaligen DDR: Staatsdoping in der DDR. Eine Einführung, Schwerin 2018.

16 https://no-doping.org/archivrecherchen/

17 Alles Doping, oder was? – Das mediale Erbe der DDR (hypotheses.org); Oschmann, Osten, S. 112.

18 Vgl. zum grundsätzlichen Konflikt: Meyer, Michael/Kellner-Zotz, Bianca: Wir sind die anderen. Ostdeutsche Medienmenschen und das Erbe der DDR, Köln 2023.

der frühesten Kritiker und Kritikerinnen des SED-Staatssports und Dopingsystems aus der DDR.[19]

Insbesondere die Geschädigten und Opfer des Systems bilden in diesem gesellschaftlichen Teilbereich der ehemaligen DDR den Ausgangspunkt historischer, juristischer und öffentlicher Auseinandersetzungen. Einer der wohl bekanntesten Geschädigten ist die Kugelstoß-Europameisterin von 1986 Heidi Krieger. Ihr Körper veränderte sich aufgrund des langjährigen hormonellen Dopings so phänotypisch, dass sie sich in letzter Konsequenz einer Geschlechtsumwandlung unterzog.[20] Zwang oder heimliche Vergabe, das bewusste Einkalkulieren gesundheitlicher Risiken und Spätfolgen gehörten dementsprechend zum Vorwurfskatalog der juristischen Aufarbeitung des Dopingsystems der DDR.[21] Die Fokussierung auf diesen Teil der DDR-Sportvergangenheit ist deshalb von besonderer Bedeutung, da es hier nicht um Kavaliersdelikte des modernen Leistungssports geht. Vielmehr handelt es sich um klare Verstöße gegen einen universal gültigen humanistischen Wertekanon, zu dem sich die DDR offiziell immer bekannte und auch formal juristisch entsprechende Grenzen setzte.

Doch ist auch die gesellschaftliche Aufarbeitung dieses Doping-Kapitels umstritten: Viele erfolgreiche, aber nachgewiesenermaßen gedopte DDR-Sportlerinnen und Sportler meldeten sich in der Diskussion zu Wort und betonten, dass ihre Leistungen nicht allein auf die Einnahme von Dopingmitteln zurückzuführen seien, sondern auf hartem Training beruhten. Ehemalige ostdeutsche Funktionäre und Wissenschaftler stützten diese Äußerungen, indem sie die Erfolge auf das DDR-Leistungssportsystem als Ganzes zurückführten.[22] Auch die Sportgeschichtswissenschaft war in dieser Frage uneins. Während Spitzer das Dopingsystem zu den zentralen Instrumenten der Leistungsförderung zählte, kam Hans Joachim Teichler zu der Überzeugung, „dass eine Überbetonung einzelner Erfolgselemente und monokausale Erklärungen aus trainingswissenschaftlicher, medizinisch-pharmakologischer, soziologischer, psy-

19 Siehe: Hartmann, Grit (Hrsg.): Goldkinder. Die DDR im Spiegel ihres Spitzensports, Leipzig 1998.

20 Vgl. Kapitel „Andreas Krieger – Heidi und Andreas", in: Geipel, Ines: Verlorene Spiele. Journal eines Doping-Prozesses, Berlin 2001, S. 80–94.

21 Vgl. Ulmen, Karl-Joseph: Pharmakologische Manipulation (Doping) im Leistungssport der DDR: Eine juristische Untersuchung, Frankfurt/M. 2000; Marxen, Klaus/Werle, Gerhard (Hrsg.): Strafjustiz und DDR-Unrecht. Dokumentation, Band 7: Gefangenenmissbrauch, Doping und sonstiges DDR-Unrecht, Göttingen 2009, S. 107–334; Engel, Rabea: Doping in der DDR: Eine rechtshistorische und strafrechtliche Aufarbeitung, Hamburg 2010.

22 Im Jahre 2005 nahmen ehemalige Sportmediziner der DDR zum Schweigen der Zunft in der Frage des Dopings Stellung. Vgl. Strauzenberg, Stanley Ernest/Gürtler, Hans: Stellungnahme zum Dopingproblem, in: Strauzenberg, Stanley Ernest/Gürtler, Hans: Die Sportmedizin der DDR. Ein Zeitzeugenbericht führender Sportmedizinerinnen und Sportmediziner der DDR aus den Jahren 1945 bis 1990, Dresden 2005, S. 226–234.

chologischer und gar sozialphilosophischer Sicht wenig Sinn machen."[23] Zahlreiche DDR-Sportler fühlten sich in der Öffentlichkeit um die Anerkennung ihrer sportlichen Lebensleistung gebracht und verwiesen deshalb auf die sportliche Konkurrenz aus dem Westen, die ebenfalls, um im Wettkampf der Systeme zu bestehen, zu pharmakologischen Hilfsmitteln gegriffen habe.

In der Tat herrschte eine erstaunliche Einmütigkeit bei Sportverantwortlichen in Ost und West, wenn es darum ging, den Sportbetrug vor sich selbst und dem eigenen Umfeld zu rechtfertigen: Die magische Formel von der „Chancengleichheit", die unbedingt wiederhergestellt werden müsse, da ja der Sportgegner ohnehin dope, findet sich in Bundesrepublik und DDR. Die „Behauptung der Nachteilsvermeidung" überstand auch die Epochenzäsur und die deutsche Einheit im Sport: „Wir müssen mitbetrügen", erklärte dementsprechend 1992 der für die NOK-Präsidentschaft kandidierende Jurist und Schwimmverbandspräsident Harm Beyer.[24] Journalistische Enthüllungen und sportwissenschaftliche Forschungen[25] ergaben, dass hinsichtlich des Dopings mit Recht von einem internationalen Phänomen mit einer Hochphase in den 1970er- und 1980er-Jahren gesprochen werden kann. Allerdings unterschied sich die Praxis im Westen strukturell grundlegend vom DDR-System: Sie war stärker individualisiert, vor allem existierten keine zentralen Lenkungs- und Repressionsmechanismen seitens des Staates.[26]

Vor allem, und dies ist ein wichtiger Ausgangspunkt unserer Studie, ist es ein erheblicher Unterschied, ob ein junger Mensch in der Diktatur oder in einer Demokratie mit der Erwartung, Doping zu konsumieren, konfrontiert wird. Diese Differenzen und ihre Konsequenzen für den Sportalltag anhand konkreter Situationen und Beispiele zu verdeutlichen, ist wesentliches Anliegen dieser Arbeit. Die vorliegende Studie orientiert

---

23 Vgl. Teichler, Hans Joachim/Reinartz, Klaus: Das Leistungssportsystem der DDR in den 80er-Jahren und im Prozess der Wende. Schorndorf 1999, S. 600. Spitzer widersprach dieser Einschätzung mit Vehemenz. Vgl. Spitzer, Giselher: Vorbild oder Zerrbild? Der DDR-Hochleistungssport im Licht neuer Forschungen, in: Horch & Guck (2005), H. 51, S. 25ff.

24 „Wir müssen mitbetrügen", in: Spiegel, 4.10.1992. Bette, Karl Heinrich/Schimank, Uwe: Doping im Hochleistungssport. Anpassung durch Abweichung, Frankfurt am Main 1995, S. 227.

25 Vgl. Singler, Andreas/Treutlein, Gerhard: Doping im Spitzensport. Sportwissenschaftliche Analysen zur nationalen und internationalen Leistungsentwicklung, Teil 1, Aachen 2000; Singler, Andreas/Treutlein, Gerhard: Doping – Von der Analyse zur Prävention, Teil 2, Aachen 2001; Singler, Andreas/Treutlein, Gerhard: Doping im Spitzensport – Sportwissenschaftliche Analysen zur nationalen und internationalen Leistungsentwicklung, Aachen 2007; Latzel, Klaus/Niethammer, Lutz (Hrsg.): Hormone und Hochleistung: Doping in Ost und West, Köln 2008.

26 Vgl. Kapitel „Anabolikadoping in der Bundesrepublik Deutschland", in: Singler/Treutlein, Doping im Spitzensport, S. 177–314. Spitzer, Giselher/Eggers, Erik/Schnell, Holger Jens/Wisniewska, Yasmin: Siegen um jeden Preis. Doping in Deutschland: Geschichte, Recht, Ethik 1972–1990, Göttingen 2013. Zuletzt: Paoli, Letizia/Hoppeler, Hans/Mahler, Helmut/Simon, Perikles/Sörgel, Fritz/Treutlein, Gerhard: Doping für Deutschland. Die „Evaluierungskommission Freiburger Sportmedizin": Geschichte, Ergebnisse und sportpolitische Forderungen, Bielefeld 2022.

sich an wissenschaftlichen Fragestellungen über den Zwang und die Bereitschaft zum Mitmachen in einer Diktatur, wie sie in Konzepten wie „Herrschaft und Eigensinn“[27] formuliert und unlängst etwa in Forschungsgruppen zur Frage der „Freiwilligkeit“ in der Diktatur aktualisiert und weitergeführt wurden.[28]

Der Kontrast zu juristischen Betrachtungsweisen, wie etwa im ausgelaufenen Zweiten Dopingopfer-Hilfegesetz (DOHG), sei an einem einfachen Beispiel erläutert: Faktoren wie psychischer Druck oder Wissen um Nebenwirkungen waren für das *juristische* Raster des DOHG als explizit irrelevant erklärt worden.[29] Für die *historische* Beantwortung der Frage aber, ob die Dopingpraxis der DDR repressiv war, ob das System junge Menschen missbrauchte, sind eben diese Aspekte zentral. Die etwa mehrfach überlieferte Drohung durch Funktionäre gegenüber Athletinnen, im Falle einer Dopingverweigerung kein Abitur machen zu dürfen, hätte laut DOHG bei einer volljährigen Person nicht zur Einordnung als Doping-Opfer führen dürfen.

Für die Realität eines jungen Menschen, für dessen Handlungsspielräume, ist ein solcher Einschüchterungsversuch durch einen hochrangigen Sportfunktionär jedoch zentral – und ebenso für die Beantwortung der Frage, ob es im DDR-Sport zu Missbrauch und Instrumentalisierung von Sportlern und Sportlerinnen gekommen ist. Im Zentrum unserer Studie steht deshalb die Frage, welche Handlungsspielräume vorhanden waren, und welche physischen und seelischen Stellschrauben bedient wurden. Damit einher geht auch die grundsätzliche Frage nach dem Ausmaß politischer Repression im Leistungssport. Zweitens möchten wir noch einmal verstärkt den Blick auf die Verantwortungsträger des Systems lenken, die mittlerweile aus dem historischen und sportpolitischen Fokus gerückt sind: Das gilt vor allem für die Funktionäre, die Ärzte- und die Trainerschaft. Denn sie alle agierten als Teile einer politisch motivierten Anweisungskette, an deren Ende die Dopingeinnahme von Athletinnen und Athleten stand. Werner Franke hat dieses Desiderat in seinem wegweisenden Beitrag für die Enquete-Kommission aus dem Jahr 1994 klar formuliert: „Viele der verantwortlichen Schreibtischtäter in Politik und Sportführung sind auch im Falle der DDR nicht mit konkreten Dopingmaßnahmen in Verbindung zu bringen. Wie bei anderen Regierungsverbrechen der DDR ist hier die Schuld der Person am Ende der Pillen- und Spritzen-Kommandokette, der Trainer bzw. der Sportler, am leichtesten zu beweisen. Es bedarf aber nur eines gründlichen Studiums der erhaltenen Dokumente und einer systematischen Durchdringung des Dopingsystems der DDR, um die wirklich und intellektuell Schuldigen namhaft zu machen: die beteiligten Ärzte, Wissenschaftler

27 Lindenberger, Thomas: Herrschaft und Eigen-Sinn in der Diktatur. Studien zur Gesellschaftsgeschichte der DDR, Köln 1999.
28 Forschungsgruppe Freiwilligkeit (uni-erfurt.de)
29 https://www.bundesrat.de/SharedDocs/drucksachen/2016/0101-0200/121-16.pdf

und Funktionäre. Daher wird in dieser Expertise mehrmals herausgestellt werden, – daß Doping und geheimpolizeiliche Bespitzelung im DDR-Sport eine Folge staatlicher Vorgaben und Entscheidungen waren, – in welcher Weise sich das Doping im Sport der DDR vom Doping anderer Länder unterschieden hat, und – wer die geistige und politische Verantwortung dafür trägt."[30]

An diesen Forschungsansatz Werner Frankes möchten wir – nun auf der breiten Quellengrundlage der 1994 großenteils noch nicht vorhandenen oder zugänglichen Doping-Prozessakten – anknüpfen. Anhand von einzelnen Themenkomplexen wird in Kapitel 1 auf der Grundlage der Prozessmaterialien ein detailliertes Bild von der Lebensrealität im Dopingsystem und seinen repressiven Strukturen gezeichnet. Besondere Aufmerksamkeit gilt hierbei dem sogenannten „wilden" bzw. „unkontrollierten" Doping, also Doping-Vergaben, die sich außerhalb der festgelegten Anwendungskonzeptionen bewegten. Derlei Auswüchse widerlegen das heute von ehemaligen Verantwortungsträgern gezeichnete Bild eines Systems, das fest in ihrer Hand lag, wie etwa Thomas Köhler es in Abgrenzung zum Doping im Westen schildert: „Als wichtige Voraussetzung für eine verantwortungsvolle Anwendung von Doping galt ein hoch entwickeltes System der sportmedizinischen Betreuung und Kontrolle und ein starkes Vertrauen in unsere Sportärzte. Wir bildeten uns ein, moralisch auf der besseren Seite als jene zu stehen, die durch die unkoordinierte Inanspruchnahme verschiedener Ärzte die Athleten einem besonders hohen Gesundheitsrisiko aussetzten."[31]

Demgegenüber zeigen die hier gewonnenen Erkenntnisse, dass ein beständiges Überschreiten der selbst gesetzten Grenzen – sei es durch Manfred Höppner oder andere Ärzte, durch Trainer oder auch durch Clubs und Sportvereinigungen – zu den zentralen, prägenden Merkmalen des Dopings in der DDR gehörte. Das System konnte entweder aus „clubegoistischen" Motiven, aufgrund der Prämienfixierung von Trainern oder wegen der Sonderrolle einer Sportvereinigung wie Dynamo partiell gesprengt werden. Vor allem aber wurde der Doping-Rahmen immer dann gezielt überdehnt, wenn – was häufig vorkam – die Sorge regierte, man werde international schlecht abschneiden. Diese Praxis offenbart nebenbei, wie abhängig sich der DDR-Sport – trotz aller heute anderslautender Dementi – von der Vergabe unterstützender Mittel, insbesondere Anabolika, machte.

Doping in der DDR wird auch als Bestandteil der Sportpolitik des Kalten Krieges kontextualisiert. Denn das Betrugs- und Missbrauchssystem reichte weit über die Grenzen der DDR hinaus. Ein Abhängigkeits- und Druckverhältnis herrschte zwischen der Sowjetunion und ihren Satellitenstaaten auch im Sport. Zudem gab es eine klan-

30 Franke, Funktion und Instrumentalisierung des Sports in der DDR, S. 909.
31 Köhler, Zwei Seiten, S. 193.

destine Kooperation zwischen Dopingärzten in Ost- und Westdeutschland und zahlreiche Mitwisser in internationalen Dopinglaboren und Ärztekommissionen.[32]

Neben der Verantwortlichkeit der Systemträger werden weitere inhaltliche Schwerpunkte gesetzt: Die Frage des Minderjährigen-Dopings erhält in der Darstellung in Kapitel 2 einen besonderen Stellenwert. Dies liegt nicht allein in der besonderen Schutzwürdigkeit von Kindern und Jugendlichen begründet. Auch die retrospektive Darstellung von Verantwortungsträgern, dass der „Einsatz unterstützender, dem Doping zuzuordnender Mittel" damals „ausschließlich für ausgewählte Kadersportler vorgesehen" war, „die in der Regel erwachsen waren",[33] ist hier zu hinterfragen – generell ist zu prüfen, inwieweit sogenannte Nachwuchs- und Anschlusskader bereits regulär in das Dopingsystem einbezogen waren. René Wiese untersucht zudem, welche Rolle die ideologische Erziehung und das Verhältnis zwischen Athleten und Trainer spielten. Zudem fragt er, weshalb die Kollegien der Kinder- und Jugendsportschulen vor einer unübersehbaren Doping-Realität offenkundig die Augen verschlossen bzw. wie ein Aufbegehren der Pädagogen hier auch mit Repression beantwortet wurde.

Wie notwendig solche Erörterungen sind, zeigen aktuelle politische Debatten, die hinsichtlich des Minderjährigen-Dopings offenbar von Voraussetzungen ausgehen, die keinen Sitz in der historischen Realität haben. So wurde im Bundestag gefragt, inwieweit bei der Betrachtung Minderjähriger als Dopingopfer berücksichtigt worden sei, „dass es dabei nach Rechtsauffassung der Fragesteller auf das Wissen der Erziehungsberechtigten bzw. gesetzlichen Vertreter ankommt."[34] Eine solche „Rechtsauffassung" wäre vermutlich schwerlich entstanden, wäre den Fragestellern die Vorgehensweise der Doping-Verantwortlichen in der DDR hinreichend bekannt, vehement die Kommunikation zwischen Kindern und Jugendlichen und ihren Eltern zu stören und zu unterbinden. Der sportliche Nachwuchs wurde nicht nur mit Schweigeverpflichtungen belegt, auch Ärzte und Funktionäre – das zeigen die Prozessakten eindeutig – waren angehalten, die Erziehungsberechtigten über Dopingvergaben nicht aufzuklären bzw. bei Nachfragen anzulügen.[35] Um das „Wissen der Erziehungsberechtigten" war es mithin schwierig bestellt gegenüber einem Sportsystem, das sich explizit ihnen gegenüber abschottete. Allerdings, und das zeigen die Akten ebenso, sickerte die Dopingpraxis trotz aller Geheimhaltungsversuche mit den Jahren durch,

32 Vgl. hierzu ausführlich: Braun, Jutta: Wettkampf der Systeme. Sport im geteilten Deutschland, Berlin 2024.

33 Köhler, Zwei Seiten, S. 195.

34 Drucksache 20/5452 (bundestag.de) Kleine Anfrage der CDU/CSU, Vollzugspraxis bei der Anwendung der Gesetze zur Dopingopferhilfe. 31. Januar 2023.

35 Diese Praxis wurde etwa in Braun/Barsuhn, Diktatur und Erfolgsgeschichte, anhand des Beispiels der Sportlerfamilie Enke exemplarisch dargelegt.

so dass immer mehr Eltern darauf verzichteten, ihren Nachwuchs in die Hände des Leistungssportsystems zu geben.

Bereits seit längerer Zeit wird zudem über Doping im Fußball der DDR spekuliert, doch fehlt bislang eine zusammenhängende Darstellung. Aus diesem Grund bietet hier René Wiese in Kapitel 3 anhand von Akten und neuen Zeitzeugeninterviews einen Überblick zum aktuellen Kenntnisstand. Da Sportmediziner und Funktionäre übereinstimmend aussagten, dass es im Fußball lange Zeit keine Konzeptionen gab, gleichwohl auch hier kräftig gedopt wurde, ist die Rekonstruktion der Vergabewege deutlich schwieriger als in anderen Sportarten.[36]

Generell, dies sei abschließend bemerkt, muss das Verhältnis von Doping Ost und Doping West im Blick behalten werden. Die Auseinandersetzung mit der Doping-Vergangenheit entwickelte bereits im Jahr 1990 eine stark interaktive Eigendynamik zwischen Doping-Aufklärung Ost und Doping-Aufklärung West und erreichte eine Vehemenz und Gründlichkeit, wie sie in kaum einem anderen west-, geschweige denn osteuropäischen Staat anzutreffen war. Die Diktatur-Erfahrung der DDR, deren Dopingsystem nicht nur den üblichen Sportbetrug, sondern auch massive Körperverletzungen verschuldet hatte, führte zu einer moralischen Entrüstung, die letztlich auch den kritischen Blick auf die aktuelle Sportpolitik und ihre Schattenseiten schärfte. Denn auch das vereinte Deutschland folgt weiterhin unbeirrt der international gängigen Logik, dass ein erfolgreicher Spitzensport die Leistungsfähigkeit des gesamten Gemeinwesens spiegele – obgleich gerade in dieser Hinsicht die Erfahrung der DDR eine gänzlich andere historische Lehre erteilt hat.

Quellengrundlage

Die bisherigen Forschungsergebnisse speisten sich zumeist aus den Beständen des Stasi-Unterlagen-Archivs (BStU). Die MfS-Unterlagen bildeten die Grundlage der Forschung aus den 1990er-/2000er-Jahren und stellen auch heute noch eine wichtige Quelle dar. Um einen besseren Blick auf die DDR-Dopingpraxis aus der Sicht der Geschädigten zu erhalten, wurde nach personenbezogenen Akten wie Gesundheitsjournalen, Rentengutachten sowie Fall- und Sammelakten möglicher geschädigter Sportler und Sportlerinnen gesucht.

Doch zeigten Anfragen beim Bundesverwaltungsamt Köln als auch beim Bundesarchiv Berlin Grenzen der Materialrecherche auf. Anfragen an das Bundesverwaltungsamt zu Auskünften über Rentenanträge Geschädigter wurden mit dem Verweis auf

36 Staatsanwaltschaft II bei dem Landgericht Berlin, 26.4.1999. Protokoll einer Beschuldigtenvernehmung, sowie Fortsetzung der Vernehmung des Beschuldigten, 23.5.1996. in: Archiv Generalstaatsanwaltschaft Westhafen/Berlin.

datenschutzrechtliche Regelungen der Dopingopferhilfegesetze abschlägig beantwortet. Das Bundesarchiv Berlin hat dagegen zwar die zentralen Bestände des Sportmedizinischen Dienstes übernommen, doch weder personenbezogene Unterlagen der ehemaligen bezirklichen Sportärztlichen Hauptberatungsstellen der DDR (SHB) noch der Sportclubs (SC) erhalten. Die wenigen Rückantworten auf Anfragen bei verschiedenen lokalen und regionalen Gesundheitsämtern in den neuen Bundesländern machten schnell deutlich, dass die Quellenlage hier unergiebig für das Forschungsvorhaben war.

Die Konzentration der Quellenrecherche lag deshalb auf den Aktenbeständen der „Zentralen polizeilichen Ermittlungsstelle für die Verfolgung der Regierungs- und Vereinigungskriminalität“ (ZERV) als auch der Staatsanwaltschaft II, welche die leitenden Ermittlungen zur juristischen Aufarbeitung der DDR-Dopingpraxis führte und zwischen 1998 bis 2000 in vielzählige Prozesse und Strafbefehle gegen Beschuldigte mündete. Die Akten lagerten für längere Zeit im Westhafen-Speicher der Generalstaatsanwaltschaft Berlin, ein Teil des Materials wurde damals bereits vom Arbeitsbereich Zeitgeschichte des Sports der Universität Potsdam (Jutta Braun) recherchiert und kopiert.[37]

Das Landesarchiv Berlin übernahm im Jahr 2016 die Unterlagen der ZERV, insgesamt ca. 500 laufende Meter. Die Verfahren zur DDR-Dopingpraxis umfassen etwa 100 Meter, die personenschutzrechtlichen Auflagen unterliegen. Die Unterlagen der Staatsanwaltschaft II, welche für die weitere Verfolgung der Beschuldigten zuständig war, sind 2017 ins Landesarchiv Berlin gekommen und werden seit Anfang 2018 kontinuierlich erfasst und für die Forschung zugänglich gemacht. Hierbei handelt es sich um ca. 2 km Akten aus rund 15600 Einzelverfahren. Das Landesarchiv konnte diesen Bestand jedoch noch nicht inhaltlich vollständig aufbereiten. Auch im Landesarchiv Weimar existieren umfangreiche Aktenbestände, die für ein weiterführendes Forschungsvorhaben von Relevanz sind. Maßgeblich ist hier vor allem der Bestand des Landeskriminalamts Thüringen.

Genese der strafrechtlichen Verfolgung der DDR-Dopingpraxis: die Berliner Strafprozesse (1998–2000) als Mustervorhaben

In der Bundesrepublik bildete die strafrechtliche Verfolgung der Doping-Praxis einen Teil der Aufarbeitung des SED-Unrechts. Es wurden Schwerpunktstaatsanwaltschaften eingerichtet, die aufgrund der Tatortzugehörigkeit vornehmlich in den neuen

37 Es ist in den Signaturen entsprechend kenntlich gemacht, welche Akten im Westhafen-Speicher und welche im Landesarchiv Berlin bzw. Thüringen eingesehen wurden.

Bundesländern ihre Arbeit aufnahmen. Bereits im Jahre 1990 wurde in Berlin bei der Staatsanwaltschaft des Kammergerichts eine „Arbeitsgruppe Regierungskriminalität" unter der Leitung von Christoph Schaefgen eingerichtet.[38] Unterstützung erhielt diese Arbeitsgruppe durch die „Zentrale polizeiliche Ermittlungsstelle für die Verfolgung der Regierungs- und Vereinigungskriminalität". Die strafrechtliche Verfolgung der DDR-Dopingpraxis übernahm anfänglich die Staatsanwaltschaft II beim Landgericht Berlin. Im Anschluss an diese Anfangsermittlungen ging ein Teil der Strafverfahren zur weiteren Bearbeitung an die zuständigen Schwerpunktstaatsanwaltschaften der neuen Bundesländer. Die Ermittlungen richteten sich gegen ehemalige Trainer, Sportärzte und Verantwortungsträger des DDR-Leistungssportsystems.

Eigens für die strafrechtliche Verfolgung von DDR-Unrecht wurde eine Verjährung ausgesetzt. Der Bundesgerichtshof (BGH) begründete im Falle der DDR-Dopingpraxis hierzu: „In Fällen systematischer Vergabe schädlicher Dopingmittel an uneingeweihte minderjährige Sportler hat die Verjährung in der DDR aufgrund eines quasigesetzlichen Verfolgungshindernisses geruht."[39] Der BGH führte weiter an, dass es sich „bei Fällen der vorliegenden Art um schwerwiegende Rechtsbrüche (handele), welche die Anwendung der Grundsätze über das Ruhen der Verjährung rechtfertigen."[40] Die Frist einer strafrechtlichen Verfolgung von Straftatbeständen in Verbindung mit der DDR-Dopingpraxis durch die Justizorgane wurde auf den 2. Oktober 2000 gelegt. Danach setzte die absolute Verjährung ein. In Anbetracht dieser zeitlichen Begrenzung standen die Ermittler unter großem Zeitdruck. Die ZERV musste sich auf ein fast völlig unbekanntes Terrain begeben, da zum einen das DDR-Leistungssportsystem in seiner Funktionsweise als ein Staatsgeheimnis gehütet und zum anderen die DDR-Dopingpraxis mit geheimdienstlichen Methoden abgeschirmt worden war. Auch die sporthistorische Forschung konnte zu diesem Zeitpunkt nur einige wenige Ergebnisse vorlegen, weshalb die Ermittler sich nur punktuell auf Publikationen zum Leistungssportsystem der DDR stützen konnten.

Am 18. März 1998 begann in Berlin der erste Prozess gegen vier Schwimmtrainer (Rolf Gläser, Dieter Krause, Dieter Lindemann und Volker Frischke) und zwei Sportärzte (Dieter Binus, Rolf Pansold) des SC Dynamo Berlin. Den Angeklagten wurde zur Last gelegt, im Tatzeitraum von 1975 bis 1989 an 19 minderjährige Schwimmerinnen des SC Dynamo Berlin androgen-anabole Steroide vergeben zu haben. Gegen den

38 Vgl. Galandi, Michaela: Die strafrechtliche Aufarbeitung von DDR-Zwangsdoping, Baden-Baden 2022, S. 117.

39 BGH, Urteil vom 09.02.2000 – 5 StR 451/99, S. 7.

40 Ebenda. Nach Galandi ging der BGH-Entscheidung ein juristischer Diskurs voraus, da angezweifelt wurde, ob ein Ruhen der Verjährung ebenso für betroffene erwachsene Sportler gelten solle. Der BGH hat begründet entschieden, dass eine Übertragung auf erwachsene Betroffene gerechtfertigt ist. Vgl. Galandi, strafrechtliche Aufarbeitung, S. 113, Fußnote 532.

Schwimmtrainer Rolf Gläser und die beiden Sportärzte ergingen wegen vorsätzlicher Körperverletzung und Beihilfe zur vorsätzlichen Körperverletzung Geldstrafen. Die Strafverfahren gegen die drei weiteren Schwimmtrainer wurden hingegen gegen die Erfüllung einer Geldauflage eingestellt.[41] Kurz danach folgte am 18. August 1998 der zweite Berliner Strafprozess, der sich erneut gegen Beteiligte aus dem Schwimmsport, drei Schwimmtrainer (Peter Mattonet, Berndt Christochowitz, Klaus Klemenz) und zwei Sportärzte (Dorit Rösler, Ulrich Sünder) des TSC Berlin richtete. Auch hier ergingen Urteile gegen die Beteiligten wegen vorsätzlicher Körperverletzung bzw. Beihilfe zur vorsätzlichen Körperverletzung.[42]

Mit dem Urteil vom 22. Dezember 1999 endete der dritte Berliner Strafprozess. Verurteilt zu jeweils einer einjährigen Freiheitsstrafe mit Aussetzung zur Bewährung wurden der ehemalige Generalsekretär des Deutschen Schwimmsport-Verbandes der DDR (DSSV), Egon Müller, sowie die Schwimmverbandstrainer Wolfgang Richter und Dieter Tanneberger.[43] Nur wenige Wochen später folgte am 12. Januar 2000 der vierte Strafprozess gegen den ehemaligen Verbandsarzt des DSSV, Lothar Kipke, vor dem Berliner Landgericht. Wegen Körperverletzung in 58 Fällen wurde Kipke zu einer Freiheitsstrafe von einem Jahr und drei Monaten mit Aussetzung zur Bewährung (2 Jahre) verurteilt.[44] Nur wenige Monate vor der absoluten Verjährung begann am 5. Mai 2000 der fünfte und letzte Berliner Strafprozess. Er richtete sich gegen den ranghöchsten Sportfunktionär der DDR, den Präsidenten des DTSB Manfred Ewald,

41 Vgl. LG Berlin, Urteil vom 31.08.1998 – Az. (534) 28 Js 39/97 KLs (17/98), S. 3 und 158. Rolf Gläser: wegen vorsätzlicher Körperverletzung in neun Fällen eine Geldstrafe von 7.200 DM; Dieter Binus: wegen vorsätzlicher Körperverletzung in zwei Fällen bzw. Beihilfe zur vorsätzlichen Körperverletzung in sieben Fällen eine Geldstrafe von 9.000 DM. Vgl. LG Berlin, Urteil vom 07.12.1998 – Az. (534) 28 Js 39/97 KLs (33/97), S. 3 und S. 182. Bernd Pansold: wegen Beihilfe zur vorsätzlichen Körperverletzung in neun Fällen eine Geldstrafe von 14.400 DM. Vgl. LG Berlin, Beschluss vom 29.09.1998 (Geschäftsnr.: 534 – 33/97) und LG Berlin, Beschlüsse vom 03.11.1998 (Geschäftsnr.: 534 – 33/97). Dieter Krause: Geldauflage von 5.000 DM; Volker Frischke: Geldauflage von 4.000 DM; Dieter Lindemann: Geldauflage von 3.000 DM. Vgl. ebenso: Galandi, strafrechtliche Aufarbeitung, S. 119.

42 Vgl. LG Berlin, Urteil vom 20.08.1998 – Az. (512) 28 Js 105/97 KLs (8/98), S. 2 und S. 10. Peter Mattoneit: wegen vorsätzlicher Körperverletzung in sieben Fällen eine Geldstrafe von 7.000 DM; Dorit Rösler: wegen Beihilfe zur vorsätzlichen Körperverletzung in neun Fällen eine Geldstrafe von 7.200 DM; Ulrich Sünder: wegen Beihilfe zur vorsätzlichen Körperverletzung in elf Fällen eine Geldstrafe von 27.000 DM; Berndt Christochowitz: Geldauflage von 3.000 DM bei Einstellung des Verfahrens; Klaus Klemenz: Geldauflage von 7.500 DM bei Einstellung des Verfahrens. Vgl. ebenso: Galandi, strafrechtliche Aufarbeitung, S. 120.

43 Egon Müller: wegen Körperverletzung in 67 Fällen zu einer einjährigen Freiheitsstrafe mit Aussetzung zur Bewährung/2 Jahre; Wolfgang Richter: wegen Körperverletzung in 62 Fällen zu einer einjährigen Freiheitsstrafe mit Aussetzung zur Bewährung/2Jahre; Jürgen Tanneberger: wegen Körperverletzung in 48 Fällen zu einer einjährigen Freiheitsstrafe mit Aussetzung zur Bewährung/2 Jahre. Vgl. LG Berlin, Urteil vom 22.12.1999 – Az. (522) 28 Js 195/97 Kls (40/99), S. 2 und 18. Zit. nach Galandi, S. 121, Fußnote 576.

44 Vgl. LG Berlin, Urteil vom 12.01.2000 – Az. (522) 28 Js 195/97 Kls (50/99), S. 2 und 13. Zit. nach Galandi, strafrechtliche Aufarbeitung, S. 121, Fußnote 577.

und den in der Doping-Hierarchie an der Spitze stehenden stellvertretenden Leiter des SMD Manfred Höppner. Aufgrund der drängenden Verjährungsfrist am 2. Oktober 2000 beschloss das Landgericht Berlin die Zahl der ursprünglich 142 Fälle auf 20 Geschädigte zu begrenzen, um Urteile verkünden zu können. Das Gericht sprach hier die höchsten Freiheitsstrafen aus. Ewald wurde wegen Beihilfe zur Körperverletzung zu einer Freiheitsstrafe von einem Jahr und zehn Monaten, Höppner zu einer Freiheitsstrafe von einem Jahr und sechs Monaten mit der Aussetzung zur Bewährung verurteilt.[45]

Die Strafprozesse in den neuen Bundesländern und Berlin (1998–2000)

Nach den ersten Berliner Pilotprozessen, die eine Art Vorreiterrolle in der Strafverfolgung einnahmen, begannen auch die neuen Bundesländer Mecklenburg-Vorpommern, Brandenburg, Sachsen-Anhalt, Sachsen und Thüringen sowie Berlin parallel in vielzähligen Strafverfahren die DDR-Dopingpraxis schwerpunktstaatsanwaltlich zu verfolgen. Während am Berliner Amtsgericht Tiergarten auch Freiheitsstrafen mit Aussetzung zur Bewährung ausgesprochen wurden, ergingen in den neuen Bundesländern (in der Regel) Strafbefehle, die ausschließlich Geldstrafen für die Betroffenen vorsahen.[46] Zumeist wurden die Geldstrafen gegen eine Vielzahl von bezirklichen Trainern und Sportmedizinern, die in den Leistungszentren der DDR (Sportclubs) tätig waren, verhängt.

Aufgrund des zentralisierten DDR-Leistungssportsystems wurden in Berlin, dem Sitz der „zentralen Sportführung“ (ZK der SED, DTSB, Staatssekretariat, Sportverbände), einige Verantwortungsträger des DDR-Sports (Spitzenfunktionäre und Verbandsärzte) verurteilt. Zu den bekanntesten gehörten beispielsweise der ehemalige Direktor des Sportmedizinischen Dienstes (SMD), Dietrich Hannemann, der per Strafbefehl am 16. März 1999 verurteilt wurde. Hannemann erhielt wegen Beihilfe zur Körperverletzung in 109 Fällen eine Geldstrafe in Höhe von 45.000 DM.[47] Mit der Verurteilung des stellvertretenden Direktors des SMD, Dietbert Freiberg, per Strafbefehl vom 16. März 1999 wurde zu jenem Zeitpunkt erstmals ein leitender Sportfunktionär mit einer Freiheitsstrafe belangt. Freiberg erhielt wegen der Beschaffung und Überwachung der Vergabe von Dopingmitteln und wegen der Beihilfe zur Körperverletzung in 72 Fällen eine Freiheitsstrafe von sechs Monaten, die zur Bewährung (2 Jahre)

45 Vgl. LG Berlin, Urteil vom 18.07.2000 – Az. (538) 28 Js 14/98 KLs (23/99), S. 3 und S. 68f. Siehe ebenso: Galandi, strafrechtliche Aufarbeitung, S. 121f.

46 Vgl. Galandi, strafrechtliche Aufarbeitung, S. 122.

47 Vgl. AG Tiergarten, Strafbefehl vom 16.03.1999 (Geschäftsnr.: 248 Cs 309/99). Zit. nach Galandi, strafrechtliche Aufarbeitung, S. 120, Fußnote 569.

ausgesetzt wurde.[48] Zu den Verurteilten zählten weitere namhafte Sportfunktionäre wie beispielsweise Rudolf Hellmann (Leiter der ZK-Abteilung Sport), Günter Erbach (Staatssekretär für Körperkultur und Sport) oder Horst Röder (Vizepräsident des DTSB), die zu Freiheitsstrafen mit Aussetzung zur Bewährung verurteilt wurden.[49] Aber auch Verbandsärzte wie Horst Tausch (Deutscher Schwimmsport-Verband/DSSV) oder Hartmut Riedel (Deutscher Verband für Leichtathletik der DDR/DVfL) wurden per Strafbefehl verurteilt.[50]

Methodischer Zugang und Bewertung des Quellenbestandes ZERV und Staatsanwaltschaft II

Die quantitative Bilanz der Strafverfahren, die durch Aktenübergabe an die Landesarchive dokumentiert ist, fiel für viele zeitgenössische Beobachter im Vergleich zu anfänglichen Erwartungen der Ermittlungstätigkeit ernüchternd aus. Es wurden 38 Strafverfahren gegen 67 Beschuldigte umgesetzt. 73 % der Beschuldigten wurden verurteilt, davon erhielten 65 % eine Geldstrafe, 35 % wurden zu einer Freiheitsstrafe verurteilt, die zur Bewährung ausgesetzt wurde.[51] Das Magazin *Der Spiegel* ging 1999 allein von einer Zahl von 1300 beschuldigten Personen aus dem DDR-Leistungssportsystem aus, die von den Ermittlungsbehörden ausgemacht und zu Freiheitsstrafen (mit Bewährung) oder Geldstrafen nach Muster der Berliner Strafprozesse verurteilt werden sollten.[52] Diese Dimension der juristischen Aufarbeitung konnte in der relativ kurzen Ermittlungszeit nicht eingelöst werden.

---

48 Vgl. AG Tiergarten, Strafbefehl vom 15.04.1999 (Geschäftsnr.: 244 Cs 293/99); AG Tiergarten, Beschluss vom 15.04.1999 (Geschäftsnr.: 244 Cs 293/99). Zit. nach Galandi, S. 120, Fußnote 570.

49 Vgl. AG Tiergarten, Strafbefehl vom 21.03.2000 (Geschäftsnr.: 249 Cs 213/00). Rudolf Hellmann: wegen Beihilfe zur Körperverletzung zu einer zehnmonatigen Freiheitsstrafe mit Aussetzung zur Bewährung. Vgl. AG Tiergarten, Strafbefehl vom 21.03.2000 (Geschäftsnr.: 249 Cs 213/00). Günter Erbach: wegen Beihilfe zur Körperverletzung zu einer zehnmonatigen Freiheitsstrafe mit Aussetzung zur Bewährung. Vgl. AG Tiergarten, Strafbefehl vom 09.08.1999 (Geschäftsnr.: 270 Cs 928/99). Horst Röder: wegen Beihilfe in 137 Fällen zur Körperverletzung zu einer zehnmonatigen Freiheitsstrafe mit Aussetzung zur Bewährung. Zit. nach Galandi, S. 120, Fußnoten 572–574.

50 Vgl. AG Tiergarten, Strafbefehl vom 04.06.1999 (Geschäftsnr.: 279 Cs 445/99). Horst Tausch: wegen Beihilfe zur Körperverletzung und Körperverletzung in 22 Fälle zu einer zehnmonatigen Freiheitsstrafe mit Aussetzung zur Bewährung. Vgl. AG Tiergarten, Strafbefehl vom 05.10.1999 (Geschäftsnr.: 271 Cs 1017/99). Hartmut Riedel: wegen Beihilfe zur Körperverletzung in sieben Fällen und Körperverletzung in elf Fällen eine Geldstrafe von 10.800 DM. Vgl. ebenso: Piel, Mario/Schäfer, Petra: Gefangenenmisshandlung, Doping und sonstiges DDR-Unrecht, Berlin 2009, S. 235.

51 Vgl. Interview mit Michaela Galandi (Universität Münster) v. 16.11.2022, in: https://www.uni-muenster.de/news/view.php?cmdid=12952, Zugriff: 23.02.2023.

52 Vgl. Mascolo, Georg/Ludwig, Udo: System gesprengt, in: Der Spiegel, 37/1999 v. 12.09.1999.

Die Prozesse sind das Ergebnis einer Ermittlungsstrategie, die dadurch gekennzeichnet war, sich durch das Dickicht des geheimnisumwitterten DDR-Sports zu schlagen. Die anfänglichen Ermittlungen wurden angestoßen durch den Heidelberger Molekularbiologen Werner Franke, der am 23. August 1991 Strafanzeige gegen die Sportmediziner Manfred Höppner (stellv. Direktor des SMD der DDR), Hansgeorg Hüller (HU Berlin, Institut für Pharmakologie und Toxikologie) und Günther Rademacher (Forschungsinstitut für Körperkultur und Sport/FKS) stellte.[53] Mit anfänglich geringen Kenntnissen über das DDR-Leistungssportsystem gingen die Ermittler den konkreten Anschuldigungen nach. Die Ermittlungserfolge der Anfangszeit sorgten dafür, dass sich der Blick der Ermittlungen auf einen besonderen Kreis von Sportarten verengte. Schwimmen, Leichtathletik, Nordischer Skisport, Eisschnelllauf und Gewichtheben, die zu den Ausdauersportarten bzw. Kraftdisziplinen des erfolgreichen DDR-Sports zählten, konnten schnell als Handlungsorte der Vergabepraxis von Dopingmitteln identifiziert werden.

Die Akten liefern für die historische Aufarbeitung mehr, als die Strafprozesse der Öffentlichkeit preisgegeben haben. Die Akten dokumentieren Ermittlungswege, die abseits der oben genannten Sportarten Bezüge zu anderen Sportarten wie Kanu, Fußball oder Rudern herstellten: sei es über Zeugenvernehmungen, Beweismittel aus wissenschaftlichen Arbeiten von DDR-Forschungsinstitutionen oder mithilfe interner Dokumente des DDR-Sportapparats aus den staatlichen Archiven (SED, SED-Bezirksleitungen, DTSB) und des Bundesbeauftragten für die Unterlagen des Staatssicherheitsdienstes der ehemaligen DDR. Insbesondere die Zeugenvernehmungen, die die ZERV bei Sportlern, Trainern, Ärzten und Funktionsträgern im Rahmen der juristischen Ermittlungen durchführte, ermöglichen Einblicke in das System der Doping-Vergabe und der Dosierung, das Beziehungsgeflecht von Trainer und Athlet sowie die Erziehung der ehemals Jugendlichen und jungen Sportler in den Leistungszentren (Kinder- und Jugendsportschulen/Sportclubs). Die Recherche wurde methodisch auf die Hauptbände der Staatsanwaltschaft II beim Landgericht Berlin/ZERV (Bestand D Rep. 120-02) und deren umfangreiche Beiakten beschränkt. Zudem wurden punktuell weitere Fallakten, die in ihrer chronologischen Abfolge vom Hauptverfahren abgetrennt und den Schwerpunktstaatsanwaltschaften übergeben wurden, gesichtet und ausgewertet.

53 Vgl. Prof. Werner Franke an Staatsanwaltschaft Berlin, Anzeige, 23.08.1991, in: Landesarchiv Berlin, ZERV 222, D Rep. 120-02, Nr. 321. Weitere Anzeigen gegen Sportmediziner, Sportwissenschaftler und Trainer folgten wie beispielsweise 1992: Prof. Werner Franke an Staatsanwaltschaft Leipzig, Anzeige, 26.02.1992, in: Landesarchiv Berlin, ZERV 222, D Rep. 120-02, Nr. 327, Bl. 1–8.

Kapitel 1: Sportgeschichte vor Gericht

Jutta Braun

Fragestellungen und Themenschwerpunkte

Die Doping-Prozesse besitzen historisch ein Alleinstellungsmerkmal, da erstmals ein diktatorisch strukturiertes Doping-System juristisch aufgearbeitet wurde. Bereits zeitgenössisch gab es einige journalistische, populärwissenschaftliche und literarische Verarbeitungen des Prozessgeschehens,[54] die vor allem die Dramatik des Auftretens von Geschädigten und Beschuldigten im Gerichtssaal verdeutlichten. Später legte einer der beteiligten Richter, Hansgeorg Bräutigam, seine Erinnerungen nieder.[55] Unlängst hat zudem Michaela Galandi die Verfahren aus juristischer Perspektive gewürdigt. Die vorliegende Studie will über eine Auswertung der Gerichtsakten, die bislang nur selten für historische Darstellungen herangezogen wurden,[56] einige grundlegende Fragen behandeln und hierbei auch an aktuelle sportpolitische Debatten anknüpfen:

a) Merkmale der Prozesse: Zunächst sollen einige Eigenheiten der Prozesse festgehalten werden, die sich vorteilhaft oder nachteilig auf die Möglichkeit der Wahrheitsfindung auswirkten. Hierzu gehörte eine radikale Aktenvernichtung im Sportmedizinischen Dienst im Vorfeld, die Auswertung der Akten des Ministeriums für Staatssicherheit als wichtige Quellengrundlage, aber auch Drohungen und Einschüchterungen gegenüber Beteiligten im Umfeld der Verfahren sowie die Sorge von Zeugen und Beschuldigten, sich selbst zu belasten oder als Whistleblower innerhalb der Community des DDR-Sports zu gelten.[57] Denn der Prozess wurde sogleich von ehemals führenden SED-Kadern als „Siegerjustiz" diffamiert – eine Strategie, die von der schuldhaften Verstrickung leitender Sportfunktionäre ablenken sollte.

b) Willkür und irreguläres Doping: Es existierten mehrere Ebenen der Hypokrisie und Willkür im Sportsystem der DDR: Die erste lag darin, dass die Entscheidungs-

---

54 Seppelt, Hans-Joachim/Schück, Holger (Hrsg.): Anklage: Kinderdoping. Das Erbe des DDR-Sports, Berlin 1999; Geipel, Ines: Verlorene Spiele. Journal eines Doping-Prozesses, Berlin 2001; Steven Ungerleider: Faust's Gold. Inside the East German Doping Machine, New York 2001.

55 Bräutigam, Hansgeorg: Die Aufarbeitung des SED-Unrechts. Erinnerungen eines Richters, Berlin 2021.

56 Braun, Jutta: Thüringer Sportler in der Diktatur, in: Dies./Barsuhn, Michael (Hrsg.): Zwischen Erfolgs- und Diktaturgeschichte. Perspektiven der Aufarbeitung des DDR-Sports in Thüringen, Göttingen 2015, S. 19–145; Richter, Daniela: Wissenschaftlich begründet? Politische Einflussnahmen, Geheimhaltung und Forschungen am Forschungsinstitut für Körperkultur und Sport, Leipzig/Schwerin 2021.

57 „Es stresst mich einfach, immer zu lügen." Berliner Zeitung, 16.10.1997.

träger dem öffentlich postulierten Anspruch, einen dopingfreien Sport zu betreiben und zu fördern, systematisch zuwiderhandelten. Allen Verantwortungsträgern war diese Ambivalenz bewusst, die hier noch einmal anhand einiger Selbstaussagen zu Tage tritt. Dies war die einzige Ebene, die sich nicht maßgeblich vom Sportbetrug im Westen unterschied, wo ebenfalls eine notorische Doppelmoral vorherrschte.[58] Es gehört zweitens heute zu den Beschwichtigungen ehemaliger Verantwortungsträger, dass es sich beim staatlich angeordneten Doping in der DDR um eine kontrollierte, wissenschaftlich begründete und ärztlich abgesicherte Vorgehensweise gehandelt habe. Diese sei weniger riskant gewesen als das unübersichtliche, in parzellierten Zirkeln erfolgte Doping im Westen.[59] Die Auswertung der Akten kann hingegen zeigen, in welchem Ausmaß „irreguläres Doping" an der Tagesordnung war. Dies vollzog sich nicht nur in Form punktueller Abweichungen vor Ort in den Clubs, die sich dem Blick der Verantwortungsträger in Ost-Berlin entzogen.[60] Vielmehr ist festzuhalten, dass selbst hochrangige Sportfunktionäre und Sportmediziner immer wieder aufs Neue willkürlich vorgingen, indem sie sich über die vom System selbst festgelegten Anwendungs-Konzeptionen im Doping hinwegsetzten. Eine solche Abweichung konnte erstens darin liegen, spontan Dosierungen zu überschreiten oder zusätzlich andere Präparate in Anwendung zu bringen. Eine zweite betraf das Minderjährigendoping. Hinsichtlich der Verabreichung von Dopingmitteln an Minderjährige, ohnehin als ethisch verwerflich einzuordnen, hatten sich die Verantwortungsträger des DDR-Sportsystems auf das Kriterium geeinigt, Anabolika und Testosteron nicht bei Personen jünger als 16 Jahren anzuwenden. Die Prozessakten, vor allem die Vernehmungen der verantwortlichen Ärzte und Funktionäre, offenbaren jedoch nicht nur, dass diese Grenze von 16 Jahren häufig unterschritten wurde, man also immer wieder von dem selbst gesetzten Entscheidungskriterium – 16 Jahre als Voraussetzung zur Dopinganwendung – abrückte und dies unterlief, sondern auch, wie das geschah: durch die Einführung der „biologischen Reife" als Gummiformel, die eine dehnbare Definition des Mindestalters ermöglichte. Hier ist zu betonen, dass Minderjährige nicht allein Pharmazeutika erhielten, sondern zugleich mit Verheimlichungs- und Schweigegeboten belastet wurden – was von den Verantwortlichen in den Gerichtsverfahren auch durchgängig bestätigt wird.

c) Verantwortungsträger in Politik, Medizin und Sport: Ein dritter Komplex betrifft deshalb die Frage der Verantwortung im Spannungsfeld von Politbüro und Sportbüro-

58 Hierzu zuletzt: Paoli, Letizia/Hoppeler, Hans/Mahler, Helmut/Simon, Perikles/Sörgel, Fritz/Treutlein, Gerhard: Doping für Deutschland. Die „Evaluierungskommission Freiburger Sportmedizin": Geschichte, Ergebnisse und sportpolitische Forderungen, Bielefeld 2022.

59 Köhler, Thomas: Zwei Seiten der Medaille. Thomas Köhler erinnert sich, Berlin 2010, S. 191ff.

60 Hierzu bereits: Spitzer, Giselher: Doping in der DDR. Ein historischer Überblick zu einer konspirativen Praxis, Köln 1998, S. 350f.

kratie, Trainern und Ärzteschaft. Mit Hilfe der Prozessakten kann das Handeln derjenigen rekonstruiert werden, die das Dopingsystem organisierten und mit Nachdruck umsetzten. Zudem erfährt man, wie sie ihre Entscheidungen retrospektiv darstellten und bewerteten. Besonders soll hierbei das heikle Verhältnis von Ärzten und Trainern ausgeleuchtet werden, die sich im Zuge der Gerichtsverfahren sehr häufig die Verantwortung für die Mittelvergabe wechselseitig zuschoben. Besonders kritisch ist das Handeln der Ärzte zu hinterfragen: Denn Anabolika waren als verschreibungspflichtiges Medikament nur zur Heilbehandlung zugelassen. Die systematische Anwendung von Anabolika nicht zur Heilung im Krankheitsfall, sondern im Dienst eines politisch gewollten Sporterfolgs war ein sachfremder Zweck. Das Kapitel fragt nach den Motiven für diese Verletzung der Berufsethik ebenso wie nach den zeitgenössischen wie rückblickenden Rechtfertigungsstrategien. Vieles, was hier vor Gericht vorgebracht wurde, muss sicherlich als Schutzbehauptung gelesen werden, dennoch offenbaren die Aussagen, welche Gesichtspunkte für die Beteiligung handlungsleitend waren: Anreize wie beruflicher Ehrgeiz und Prämien, aber auch Angst vor Verlust der Privilegien und Sorge vor Nachteilen von Familienangehörigen. Der Fatalismus hinsichtlich der Verantwortungsfrage spiegelt sich etwa in der Aussage des wichtigsten Sportmediziners im SMD, der mit Blick auf die Parole von DTSB-Präsident Manfred Ewald „Wir sind Kommunisten und bringen keine Menschen um, aber ein gewisses Risiko im Leistungssport muß man schon vertreten“, an seinen Vernehmer gewandt hinzufügte: „Was erwarten Sie von mir, was hätte ich noch tun können?“[61]

d) Mitwisser außerhalb des Sportsystems: Eine bislang kaum systematisch verfolgte Perspektive fragt zudem nach den Mitwissern, die es trotz der strengen Abschottung des Leistungssportsystems der DDR in Vielzahl gegeben hat. Hier ist zu zeigen, welche Kontaktflächen der Sportmedizinische Dienst in Dopingfragen mit der externen Ärzteschaft hatte, die hierdurch Einblicke in die Dopingpraxis erhielt.

Hierbei gibt es zwei konträre Szenarien: Externe Ärzte stellten durch Doping verursachte Schäden bei ihren Patienten und Patientinnen fest und stellten unangenehme Nachfragen an den SMD, oder externe Mediziner wurden beauftragt, gesundheitliche, durch Doping verursachte Schäden bei Sportlern und Sportlerinnen zu „reparieren“. Drittens gab es auch eine Beteiligung an der pro-Doping-Forschung, etwa beim Blutdoping.

e) Politische Repression: Eine Geschichte des DDR-Sports lässt sich nicht ohne die Geschichte politischer Repression in diesem Bereich schreiben. Und hier besteht ein eklatanter Unterschied zum „Doping West“: Denn zwar sind Sportsysteme überall

61 ZERV 222, Beschuldigtenvernehmung, 30.10.1997, in: Archiv Generalstaatsanwaltschaft Westhafen/Berlin.

auf der Welt von einer Hierarchie gekennzeichnet, die Missbrauch und Abhängigkeiten Vorschub leistet – auch heute noch. Doch erlaubte die enge Verschränkung zwischen Partei, Staat und Sport in der DDR weitreichende Zugriffsmöglichkeiten auf alle Beteiligten und damit auch ein Drohpotential. Das galt nicht nur für Sportler und Sportlerinnen oder Ärzte und Ärztinnen, die sich dem Dopingsystem zu entziehen suchten. Politische Repression lauerte ständig in der Ecke des Sportalltags und konnte plötzlich manifest werden, in verschiedenen Formen: in der Bespitzelung eines erst 12-jährigen KJS-Schülers, in der Rekrutierung einer minderjährigen Sportlerin an der KJS als Inoffizielle Mitarbeiterin des MfS, im drohenden Startverbot für Olympia aufgrund politisch unerwünschter familiärer oder freundschaftlicher Kontakte. Es war „normaler" Teil des Alltags im Sportsystem der DDR, sich von Verwandten lossagen zu müssen, es war „normal", mit Schweigeverpflichtung gegenüber den eigenen Eltern belegt zu werden, es war „normal", die Bundesdeutschen als „Feinde" zu betrachten, es war „normal", sich ideologisch zu verpflichten, es war „normal", Objekt einer Operativen Personenkontrolle (OPK) zu sein, wenn man als Reisekader im Ausland antreten wollte. Es war normal, das bedeutet hier: im Sinne einer politisch eingeübten repressiven Praxis. Dass es dennoch von den Sportlern und Sportlerinnen ganz und gar nicht als normal, sondern als übergriffig und als Belastung empfunden wurde, davon zeugen nicht nur zahlreiche Dokumente und Zeitzeugengespräche – auch viele Sportler und Sportlerinnen selbst haben mittlerweile ihre Kleinkriege gegen Sportfunktionäre und Staatssicherheit reflektiert und aufgearbeitet.[62] Im Bereich des Dopings zeigte sich der politische Druck vor allem auf dem Feld der Nebenwirkungen, die von den Funktionären und Ärzten zwar erkannt, aus Staatsräson jedoch verheimlicht wurden. Zweitens werden Drohungen gegenüber Sportlern und Sportlerinnen belegt sowie der Versuch, ihnen bei Weigerung Dopingmittel heimlich zu verabreichen. Schließlich wird die repressive Praxis der Schweigeverpflichtungen und Täuschungen gegenüber den Eltern geschildert.

f) Die „organisierte Lüge" im Sport wird abschließend noch einmal anhand der sogenannten „Ausreisekontrollen" sowie manipulierter Dopingkontrollen erläutert. Hierbei wird deutlich, dass sich ein repressives Dopingsystem überhaupt nur in diesem Ausmaß etablieren und fortbestehen konnte, weil es sich bei der DDR um eine Diktatur handelte. Zugleich war der SED-Staat jedoch auch in Manipulationen im Weltsport zur Zeit des Kalten Krieges eingebunden, deren weitere gründliche Erforschung noch aussteht.

---

62 Stellvertretend sei hier die Thüringer Sportlerin Gesine Tettenborn genannt, die mehrere Lesungen aus ihren Erinnerungen gehalten hat. Vgl. auch die Interviews in Hartmann, Goldkinder; Seppelt/Schück, Kinderdoping; sowie Memoiren wie die von Jörg Berger: Meine zwei Halbzeiten. Ein Leben in Ost und West. Hamburg 2009 und journalistische Produktionen wie „Der Kraftakt" (NDR) von André Keil und Benjamin Unger.

Schwierigkeiten bei den Ermittlungen

Die Einblicke in die Prozessakten ermöglichen es, die Gerichtsverfahren selbst zu historisieren. Ob es der Justiz tatsächlich immer gelingt, Gerechtigkeit herzustellen, ist eine alte Debatte. Die Strafverfolgung in diesen Prozessen war durch einige Faktoren erleichtert, durch andere erschwert: Zu den günstigen Umständen gehörte es zweifellos, dass das System selbst umfangreiche Materialien in Gestalt von Partei- und vor allem Stasi-Akten hinterlassen hatte, die nun zur Beweiserhebung herangezogen werden konnten.

Stasi-Akten und Vernehmung von Führungsoffizieren

Das Material wurde direkt beim Bundesbeauftragen für die Stasiunterlagen beantragt oder von Sporthistorikern zur Verfügung gestellt. Die ZERV war hierbei durchaus kritisch und suchte auch „Quellenkritik" zu üben, als ihr etwa der zentrale Aktenbestand der IM-Akte von Manfred Höppner, dem für Doping verantwortlichen Chef des Bereichs II im Sportmedizinischen Dienst der DDR, in die Hände fiel. Sowohl er wie der Leiter des Bereichs I im Sportmedizinischen Dienst, Wolfgang Rockstroh, hatten als Inoffizielle Mitarbeiter dem MfS zugearbeitet, dementsprechend befragte die ZERV in den 1990er-Jahren auch deren Führungsoffiziere beim Geheimdienst, um die Qualität der überlieferten Berichte einzuschätzen. Da die Berichterstattung von Höppner ganz überwiegend in Form von Gesprächen stattgefunden hatte, wollten die Ermittler wissen, ob der Offizier bei der Niederschrift etwas verändert oder zugefügt hatte und für wie „berichtsehrlich" er Höppner hielt.[63] Insgesamt bildeten die Vielzahl von Akten ehemaliger Inoffizieller Mitarbeiter im Sportappart, die zugleich das Ausmaß der Durchherrschung des Sportsystems der DDR illustrieren, eine wichtige Quelle hinsichtlich der Mechanismen des Dopingsystems, und lieferten hierbei auch Hinweise auf weitere mögliche Straftaten. Doch gelangten zeitgleich immer wieder Informationen aus den Stasi-Akten an die Presse. Obgleich dies einerseits für öffentliche Transparenz hinsichtlich der Machenschaften des DDR-Staatsdopings sorgte, stellten die medialen Publikationen die Ermittler vor ein veritables Problem: Denn da viele Zeugen die Aussage verweigerten, boten die Akten häufig die einzige Basis für sachliche Hinweise, es kam ihnen damit als Beweismittel eine erhöhte Bedeutung zu. Die ZERV regte deshalb eine generelle Sperrung von Akten bei der Gauck-Behörde an, die „beweiserhebliche Faken für das Doping-Verfahren" beinhal-

63 ZERV 222, Vernehmung des Zeugen, 30.08.1995, in: Landesarchiv Berlin, D Rep. 120-02, Nr. 308.

ten könnten.[64] Hiermit sollte verhindert werden, dass Beschuldigte bereits vor einer Vernehmung wichtige Informationen erhielten oder sich ein Bild vom Stand der polizeilichen Recherchen machen konnten. „Da die in den Verfahren bisher vernommenen Beschuldigten und zum Teil auch Zeugen zu den Sachverhalten keine Angaben machten, kommt den Beweismitteln eine erhöhte Bedeutung zu. So können nicht die Unterlagen vor Abschluß der polizeilichen Ermittlungen durch die Medien veröffentlicht werden, ohne den Ermittlungserfolg stark einzuschränken oder gar unmöglich zu machen. Hierdurch erlangen in einem laufenden Strafverfahren Zeugen und auch Beschuldigte schon vor einer anstehenden Vernehmung Erkenntnisse, so daß eine Unvoreingenommenheit der Betreffenden nicht mehr gegeben ist bzw. stark angezweifelt werden muß. Außerdem könnte dadurch der jeweilige Ermittlungsstand der Polizei in die Öffentlichkeit getragen und dadurch eine Ermittlungstätigkeit erheblich in Frage gestellt werden." Die Sperrung von zwei Ärzte-Akten erfolgte bald darauf.[65] Der „Wettlauf" zwischen Justiz und Medien ist auch ein Indikator für das hohe Maß an Öffentlichkeitswirksamkeit, das die Prozesse zeitgenössisch hatten und das die Dopingproblematik selbst heute, mehr als 30 Jahre später, begleitet.

Aussageverweigerungen

Ein größeres Problem stellten ebenso Aussageverweigerungen oder aber das Leugnen seitens Beteiligter wie Trainer und Ärzte im Ermittlungsverfahren dar. Manche Zeugen wie etwa ein Sportmediziner verweigerten die Aussage, weil sie hierbei „Gefahr" liefen, „sich selber zu belasten."[66] Trainer stritten noch 1995 in Vernehmungen vehement den Einsatz von Oral-Turinabol ab, „obwohl detaillierte Zeugenaussagen hierzu vorlagen."[67] Zudem wirkte sich ausgerechnet der Versuch einer „Selbstreinigung" durch den Deutschen Sportbund fatal aus: Es war die Zeit der so genannten „Ehrenerklärungen": Denn zur Jahreswende 1990/1991 hatte eine kurze Phase begonnen, in der Schwimm- wie auch Leichtathletik-Verband hofften, der Doping-Problematik mit Hilfe persönlicher Statements Herr werden zu können. Im Leichtathletikverband ging es hierbei vor allem um das Schicksal von ehemaligen DDR-Sportmedizinern. Mitte Dezember 1990 forderte der Verbandsarzt der Leichtathleten die Kollegen und Kolleginnen der alten und neuen Länder auf, sich frei vom Dopingverdacht zu hal-

64 ZERV an die Staatsanwaltschaft II bei dem Landgericht Berlin, 11.9.1995, Betr.: Beantragung der Sperrung, in: Archiv Generalstaatsanwaltschaft Westhafen/Berlin.
65 BStU an Staatsanwaltschaft II, 18.9.1995, in: Archiv Generalstaatsanwaltschaft Westhafen/Berlin.
66 ZERV 222, Vermerk, 16.8.1995, in: Archiv Generalstaatsanwaltschaft Westhafen/Berlin.
67 ZERV 222, Antrag auf Erlaß eines richterlichen Durchsuchungsbefehls, 26.7.1995, in: Archiv Generalstaatsanwaltschaft Westhafen/Berlin.

ten. Jeder solle „gut nachdenken", ob er sich bislang etwas vorzuwerfen habe, und bis Monatsende hierzu Auskunft geben. *Die Frankfurter Allgemeine Zeitung* benannte den sich daraus ergebenden Umkehrschluss: Wer dabei sein will, darf es nicht zugeben.[68] Nach einem ähnlichen Prinzip der Vergangenheitsbewältigung handelte der Deutsche Schwimm-Verband. Nur nach Unterzeichnung einer Eidesstattlichen Erklärung durften Trainer, Ärzte, Physiotherapeuten und Betreuer sich dem nationalen Team anschließen, das bei der Weltmeisterschaft im Januar im australischen Perth antrat. Allerdings drohten im Falle einer Falschaussage keinerlei rechtliche Sanktionen, da die Erklärungen nicht vor Gericht abgegeben wurden.[69] Prompt tauchten bald Anschuldigungen auf, die den Wahrheitsgehalt bezweifelten.[70] Umstritten war etwa die Ehrenbezeugung eines ehemaligen Potsdamer Sportmediziners, der bis zur Wende für die Schwimmer des Armeesportklub Potsdam zuständig und in den Ruf geraten war, minderjährigen Mädchen Anabolika ohne deren Wissen verabreicht zu haben, und deshalb lange Zeit keine Anstellung fand. Nachdem er in der Eidesstattlichen Erklärung versichert hatte, in der Vergangenheit keine Dopingmittel gegeben zu haben, avancierte er zum offiziellen Mannschaftsarzt in Perth.[71]

Die Praxis der Ehrenerklärungen trug mithin zur Mauer des Schweigens bei den Dopingprozessen bei. So klagte die ZERV: „Ein umfassendes Geständnis dürfte auch nicht zu erwarten sein, da noch viele aktive Trainer Erklärungen abgeben mußten, keine Dopingmittel verabreicht zu haben. Bei einem gegenteiligen Nachweis müßten diese dann mit beruflichen Konsequenzen rechnen."[72] Mit Hilfe von Hausdurchsuchungen versuchte deshalb die ZERV, persönliche Aufzeichnungen über Trainingsverlauf, Konzeptionen oder Mittel zu finden. Ebenso zogen es zahlreiche Sportmediziner vor, zu schweigen, da viele von ihnen „um den Entzug der Approbation fürchten. Bei den bisher wenig vorgefundenen Patientenunterlagen konnte festgestellt werden, daß offensichtlich eine ‚Bereinigung' durchgeführt wurde", so konstatierte die ZERV im Juli 1995.[73] Auffällig ist auch das beharrliche Schweigen zu einzelnen Punkten: ein leitender Sportmediziner des SMD, der ansonsten bereitwillig zu vielem Auskunft gab, verweigerte strikt die Aussage darüber, ob die Sportführung Frauen zu Schwangerschaftsabbrüchen gedrängt hatte.[74]

---

68 Kindermann unterzieht Mediziner einem Dopingtest. Frankfurter Allgemeine Zeitung, 19.12.1990.
69 Eidesstattliche Versicherung gegen Doping. Frankfurter Allgemeine Zeitung, 26.6.1991.
70 Auf Ehr und Gewissen. Frankfurter Allgemeine Zeitung, 22.12.1990.
71 Delikate Frage. Spiegel, 4.2.1991.
72 ZERV 222, Vermerk, 16.8.1995, in: Archiv Generalstaatsanwaltschaft Westhafen/Berlin.
73 ZERV 222, Antrag auf Erlaß eines richterlichen Durchsuchungsbefehls, 26.7.1995, in: Archiv Generalstaatsanwaltschaft Westhafen/Berlin.
74 ZERV 222, Beschuldigtenvernehmung, 30.10.1997, in: Archiv Generalstaatsanwaltschaft Westhafen/Berlin.

Eine weitere Schwierigkeit lag darin, dass selbst geschädigte Sportler und Sportlerinnen aus Loyalität zum System zunächst keine Aussage bei der Polizei machen wollten – so etwa eine mehrfache Goldmedaillengewinnerin. Als Kriminalbeamte mit ihr ein Gespräch im Olympia-Forum in Berlin suchten, gingen sie an ihrer Ehrentafel in der Eingangshalle vorbei.[75] Für die besonders erfolgreiche Athletin bedeutete es zweifellos eine schmerzliche Infragestellung ihrer eigenen Leistungen, über das Doping-System der DDR zu reflektieren. So konstatierte die ZERV im November 1996, „daß die Mehrzahl der zu vernehmenden Sportler aus den unterschiedlichsten Gründen eine zeugenschaftliche Vernehmung ablehnen." Das Verfahren könne „unter diesen Voraussetzungen sehr schwer geführt werden", weshalb man anregte, die eingangs erwähnte Athletin „richterlich vernehmen zu lassen, um den anderen vernehmungsunwilligen Sportlern aufzuzeigen, daß bei Ablehnung einer zeugenschaftlichen Vernehmung vor der Kriminalpolizei eine richterliche Vernehmung erfolgt".[76] Im Laufe der Verfahren entschlossen sich schließlich doch zahlreiche Aktive, auszusagen.

Drohungen

Umrankt waren die Prozesse weiterhin von einigen mysteriösen Vorgängen. Eine Schwimmerin wurde 1998 bedroht. So erhielt sie im März 1998 einen Anruf. Ob sie die Schwimmerin XY sei? „Ich beantwortete die Frage mit ‚ja'. Der Mann redete nun einfach los und sagte sinngemäß, wie ich mir erlauben könnte, so etwas zu behaupten. Er bezog sich dabei auf das Dopingverfahren. (...) Der Anrufer fragte im weiteren Gespräch, wieviel man mir denn für meine Aussage geboten hätte. Ich wollte immer von ihm wissen, wer er denn sei. Er sagte, daß wir jahrelang zusammen geschwommen sind." Einen Tag später hatte sie eine Drohung auf dem Anrufbeantworter: „Hallo – Du lebst nicht lange, schließ Deine Tür immer zu – ja – paß auf, daß ich nicht komm."[77] Ihre Trainerin sowie der Präsident ihres neuen Clubs hörten die Nachricht ebenfalls ab. Die Sportlerin schlief über Nacht bei der Trainerin, denn „ich wollte nicht mehr alleine in meiner Wohnung bleiben, weil ich Angst hatte." Die Kassette des Anrufbeantworters übergab sie einem Kriminalbeamten, der Fall klärte sich nie auf.

Ebenso berichtete ein führender Sportmediziner von einem Anruf, der ihn im Vorfeld einer bei ihm durchgeführten Hausdurchsuchung erreichte: „Noch vor der Durchsuchung, einige Monate zuvor, etwa im Frühjahr 1996, habe ich zu Hause einen Anruf

---

75 ZERV 222, Vermerk, 19.11.1996, in: Archiv Generalstaatsanwaltschaft Westhafen/Berlin.

76 Der Polizeipräsident in Berlin, ZERV, an die Staatsanwaltschaft II bei dem Landgericht Alt-Moabit, 26.11.1996, Beantragung einer richterlichen Vernehmung einer Zeugin, in: Archiv Generalstaatsanwaltschaft Westhafen/Berlin.

77 ZERV 222, 1.4.1998, in: Archiv Generalstaatsanwaltschaft Westhafen/Berlin.

erhalten. Mir wurde von einem Mann, der sich mir nicht vorstellte, gesagt: ‚Es wäre ratsam, sich zu der ganzen Dopingproblematik untereinander abzustimmen, um sich nicht in eine Situation zu begeben, wie es bei der Grenze der Fall gewesen wäre, wo man sich gegenseitig belastet hat. Es wird eine verstärkte Erörterung dieser Vorgänge durch die Behörden geben.'“[78] Der Vorfall legt nahe, dass auf die Beschuldigten Druck ausgeübt werden sollte, sich untereinander abzustimmen.

Reißwölfe und Beweisvernichtung

Ein Problem für die Ermittlungen stellte die gründliche Vernichtung von Beweismaterial bereits gegen Ende des SED-Regimes dar, dies bezeugen verschiedene Befragte: So berichtete der ehemalige Mitarbeiter einer Forschungsgruppe am FKS, dass mit der Auflösung des Labors für Endokrinologie zum 1. Dezember 1989 auch das Archiv eliminiert worden sei, das heißt, es wurden Material- und Datensammlungen sowie handschriftliche Aufzeichnungen vernichtet.[79] Um den Jahreswechsel 1989/1990 gab ein hochrangiger DTSB-Funktionär, wie er in den Vernehmungen selbst einräumte, gegenüber dem SMD-Chef Manfred Höppner zu verstehen, „daß es wohl klüger sein könnte, wenn bestimmte schriftliche Unterlagen zu dieser Thematik nicht mehr aufgefunden werden.“[80] Und Höppner handelte dementsprechend, wie weitere Zeugen aus der Doping-Zentralstelle in Berlin belegen: So erinnerte sich ein Mitarbeiter der „Arbeitsgruppe unterstützende Mittel“ an die Säuberungsaktion in der Doping-Zentrale in der Heysestraße in Berlin Prenzlauer Berg:[81] Alle Kladden mit vertraulichen Verschluss-Sachen (VVS), die roten „VVS-Bücher“, in die Teilnehmer der Beratungen ihre Notizen geschrieben hatten, wurden „im 1. Halbjahr 1990 eingezogen und bei Dr. Höppner im Panzerschrank deponiert“. Auch aus den Sportärztlichen Hauptberatungsstellen wurden die Bücher eingezogen. Er selbst konnte beobachten, wie schließlich im „geöffneten Panzerschrank von Dr. Höppner eine Vielzahl von roten Büchern lagerten“, die schließlich im Reißwolf vernichtet wurden. Auch die noch vorhandenen Dopingmittel im Medikamentenlager wurden 1990 vernichtet. „Da ich mich zu dieser Zeit im Nebenraum befand, der nur durch eine dünne Wand getrennt war, konnte ich das Entleeren von Schachteln und Hineinschütten von Pillen in ein Gefäß

78 ZERV 222, Beschuldigtenvernehmung, 29.10.1997, in: Archiv Generalstaatsanwaltschaft Westhafen/Berlin.

79 ZERV 222, Abschrift vom Tonträger, Zeugenvernehmung, 4.1.1995, in: Archiv Generalstaatsanwaltschaft Westhafen/Berlin.

80 Staatsanwaltschaft II bei dem Landgericht Berlin, 22.4.1999, Protokoll einer Beschuldigtenvernehmung, in: Archiv Generalstaatsanwaltschaft Westhafen/Berlin.

81 ZERV 222, Vernehmung eines Zeugen, 13.3.1996, in: Landesarchiv Berlin, D Rep. 120-02, Nr. 312.

akustisch wahrnehmen. Später sah ich in diesem von mir beschriebenen Raum leere Verpackungen, auf denen Oral-Turinabol stand."[82] Zwei Mitarbeiterinnen hatten unter Hochdruck gearbeitet, wie sich eine von ihnen erinnert: „Zunächst habe ich die ganzen Tabletten aus den Verpackungen in eine Plastiktüte gedrückt, die STS-Kapseln aus den Gläsern ebenfalls in die Tüten geschüttet." Die Artefakte des Dopingsystems wurden anschließend in „mehr als 10 Tüten" in einigen „in der Umgebung herumstehenden Mülltonnen" versenkt.[83]

Material der Richthofen-Kommission

Weiterhin hatten bereits zu Beginn der 1990er-Jahre zwei vom organisierten Sport eingesetzte Kommissionen – die sogenannte „Reiter"-, aber auch die „Richthofen"-Kommission, genannt auch ad-hoc-Kommission – eine eigene Beweislage zu Doping in Ost und West erhoben.[84] Eingesetzt als „Selbstreinigungskommission" des Sports konnte vor allem die vom langjährigen LSB-Präsidenten von West-Berlin, Manfred von Richthofen, geleitete ad-hoc-Kommission zahlreiche Zeugenaussagen von Sportfunktionären, Trainern und Athleten sammeln, deren Inhalt nun auch in die gerichtliche Würdigung einfließen sollte. Da jedoch die Mitglieder der Kommission gegenüber denjenigen, die sich ihnen anvertraut hatten, Vertraulichkeit zugesichert hatten, und deshalb die Unterlagen nicht ohne weiteres herausgeben wollten, fanden Hausdurchsuchungen bei hochrangigen Funktionären des DSB statt, um der Aufzeichnungen habhaft zu werden. Eine Sportlerin, die bereits vor der Richthofen-Kommission ausgesagt hatte, meldete sich zudem auf eigene Initiative und stellte die damals gefertigten Protokolle zur Verfügung.[85]

Insgesamt gab es erkennbar eine große Zurückhaltung, überhaupt vor Gericht auszusagen. Das konnte viele Gründe haben: weil die Personen mit dem Leben im Leistungssport abgeschlossen hatten, zuweilen aber auch, weil man sich noch in alten Loyalitätsmustern bewegte und nicht zum „Verräter" werden wollte. Ein weiterer Faktor, der gegen die Prozesse arbeitete, war die Zeit – aufgrund der anstehenden Verjährung konnten ganze Sportarten nicht mehr in die justizielle Betrachtung einbe-

82 ZERV 222, Vernehmung eines Zeugen, 13.3.1996, in: Landesarchiv Berlin, D Rep. 120-02, Nr. 312.
83 ZERV 222, Fortsetzung der Zeugenvernehmung, 2.4.1996, in: Archiv Generalstaatsanwaltschaft Westhafen/Berlin.
84 Zur Arbeit dieser Kommissionen siehe: Braun, Jutta: Dopen für Deutschland – die Diskussion im vereinten Sport 1990–1992, in: Latzel, Klaus/Niethammer, Lutz (Hrsg.): Hormone und Hochleistung. Doping zwischen Ost und West, Köln 2008, S. 151–170.
85 ZERV 222, Vermerk, 13.3.1996, in: Archiv Generalstaatsanwaltschaft Westhafen/Berlin.

zogen werden. Der Zeitdruck schränkte nicht allein den Verfolgungsradius massiv ein, sondern sorgte offenkundig auch zu Verkürzungen bei der Beweisaufnahme.[86]

Trotz aller Unzulänglichkeiten sind die umfangreichen Prozessmaterialien überliefert, wenn auch noch nicht vollständig erschlossen, und sie bieten für die historische Rekonstruktion reichhaltige Anhaltspunkte. Zudem werfen die Aussagen der Verantwortlichen – die sich mit wenige Ausnahmen außerhalb der Ermittlungen öffentlich in Schweigen hüllten – noch einmal ein bezeichnendes Licht auf die Vorgänge und vor allem die wechselseitigen Schuldzuweisungen der Funktionsträger.

Es war hierbei zahlreichen Aussagen hochrangiger Sportverantwortlicher zu eigen, dass sie zunächst Detailkenntnisse abstritten und erst auf Vorhalt von Beweismitteln ihr Wissen, etwa über irreguläres Doping oder Nebenwirkungen, einräumten. Dennoch ist es wertvoll, die Antworten und Darstellungen dokumentieren und analysieren zu können. Denn es sollte nicht mehr möglich sein, dass die öffentliche Diskussion hinter einen als unhintergehbar anzusehenden Kenntnisstand zurückfällt, der mit der Durchführung der Prozesse eigentlich bereits einmal erreicht war. Doch geriet manches in Vergessenheit – zudem gelangte die Fülle der Informationen aus den Vernehmungen nicht in die Öffentlichkeit.

Zwei unzutreffende Darstellungen, die immer wieder vorgetragen werden, sollen hier insbesondere hinterfragt bzw. widerlegt werden: Die Behauptung, die Dopingpraxis habe jederzeit ärztlich kontrolliert unter strenger Aufsicht stattgefunden, um die Gesundheit der Athleten und Athletinnen zu schützen; und zweitens das Erwecken des Eindrucks, es habe im freien Ermessen der Athleten und Athletinnen gestanden, die Dopingpraxis aufzunehmen oder zu beenden. Selbstverständlich gab es viele, die freiwillig dopten, und es haben sich auch einige hierzu öffentlich geäußert.[87] Indem man den Suchscheinwerfer, was ehemalige Systemträger bevorzugt tun, aber vorwiegend auf die Athletenseite richtet, wird der gesamte Bereich der Verantwortungsträger, von Funktionären bis zu Ärzten und Trainern, absichtsvoll abgeschattet. Es ist das Ziel dieser Studie, aus den Prozessakten heraus beide Seiten zu betrachten: die der Verantwortlichen, und die der von ihnen erzogenen und betreuten Minderjährigen. Denn die Laufbahnen im Spitzensport beginnen für Sportler und Sportlerinnen in der Regel als Kind oder Jugendlicher. Und dort beginnen auch die Doping-Geschichten.

---

86 Geipel, Journal, S. 143.
87 So etwa Christian Schenk: Ich habe gedopt und ich wußte, daß ich dope. Zeit Online, 18.9.2018 oder Udo Beyer: Ich wusste über alles Bescheid. Der Tagesspiegel, 15.2.2013.

Erkenntnisse der Ermittlungen und Aussagen

Eine immer wieder aufs Neue erhobene Behauptung geht dahin, dass es sich beim Doping-System der DDR um ein streng angeleitetes und mithin beherrschbares System gehandelt habe. Doch war die Praxis seit spätestens der zweiten Hälfte der 1970er-Jahre eine andere. Das Steuerungsinstrument der Anwendungskonzeptionen wurde immer häufiger missachtet. Das hatte vorwiegend zwei Ursachen:

Erstens unterschritten Ärzte und Funktionäre die nach allgemeinen Maßstäben ohnehin schon indiskutable, selbst gesetzte rote Linie von 16 Jahren als Mindestalter für die „Behandlung" mit den sogenannten unterstützenden Mitteln (u. M.). Zweitens gingen Ärzte und Trainer bei Dosierungen häufig eigenmächtig eigene Wege. Obgleich hierbei Angehörige der Sportvereinigung Dynamo immer wieder besonders auffielen, war diese Praxis nicht auf diese Organisation beschränkt. Zwei der für die DDR peinlichsten Zwischenfälle waren letztlich eine Folge des Umstands, dass Trainer sich nicht an Anwendungskonzeptionen gehalten hatten.

„Unkontrolliertes Doping" im Sportsystem

Unterschreiten der 16-Jahre-Grenze

Um zu ermessen, was die DDR-Führungsriege im Sport selbst unter „ärztlich kontrolliert" verstand, und wo sie während der Prozesse einräumte, diese selbst gesetzten Kriterien missachtet zu haben, lassen wir einen der Funktionäre selbst sprechen, einen der ranghöchsten DTSB-Funktionäre:[88]

„Nach meiner Kenntnis wurden Dopingmittel unter strenger ärztlicher Kontrolle in den Kaderkreisen I bis III eingesetzt". Und weiter: „Unter ärztlich kontrolliertem Einsatz von Dopingmitteln verstehe ich den Einsatz von u. M. im Rahmen von bestätigten Verbandsprogrammen innerhalb der DDR, die von Ärzten und Sportmethodikern erarbeitet worden sind, wobei der Einsatz dieser Mittel international nicht gestattet war. Es gab aber auch einen darüberhinausgehenden, unkontrollierten Einsatz von Dopingmitteln, d.h. daß einzelne Sportler, Trainer und Ärzte außerhalb solcher entwickelten Verbandsprogramme auf eigene Faust u. M. einsetzten, um dem betreffenden Sportler einen weiteren Vorteil auch innerhalb der Konkurrenz zu anderen DDR-Sportlern zu verschaffen. Von diesem ‚unerlaubten' Einsatz von u. M. hatten wir natürlich von vornherein keine Kenntnisse, sondern erlangten diese nur bei Kontrollen innerhalb der DDR, wenn wir feststellen mußten, daß Sportler, die aufgrund der bestehenden Programme keine u. M. erhalten sollten, doch mit u. M. versehen worden sind oder in wesentlich höheren Dosierungen, als dies aufgrund der Programme vor-

88 Einlassung, o. D., in: Archiv Generalstaatsanwaltschaft Westhafen/Berlin.

gesehen war. Dies wurde bei unangemeldeten Kontrollen des SMD innerhalb der DDR wiederholt festgestellt."[89]

Bereits diese Passage bestätigt also, was Stasi-Akten und Zeitzeugenberichte nahelegten: Doping in der DDR verlief nicht selten in unberechenbarer Weise. Wie aber war es um die Mindestalter-Grenze bestellt? „Konkrete Kenntnisse vom Einsatz von u. M., d.h. welcher Sportler wann und in welchen Mengen u. M. erhalten sollte oder einzeln entwickelte u. M.- Programme sind mir nicht bekannt geworden. Ich hätte in meiner Funktion natürlich die Möglichkeit gehabt, solche Informationen zu erhalten, habe mich darum aber, dies muß ich mir hier unter anderem vorwerfen, nicht weiter darum bemüht. Ich bin stets davon ausgegangen, daß der Einsatz – international unerlaubter – u. M. stets nur bei biologisch ausgereiften Spitzenathleten, bei einem stabilen Gesundheitszustand und bei einer entsprechend strengen ärztlichen Überwachung erfolgte. Ärztlicherseits war uns stets versichert worden, daß es zwar möglicherweise zu vorübergehenden gesundheitlichen Beeinträchtigungen der betreffenden Sportler kommen könnte, es war uns aber ausdrücklich versichert worden, daß es keine Dauerfolgen gäbe, sondern die Sportler, wenn sie ihre sportlichen Aktivitäten beenden würden, frei von jeglichen körperlichen Beeinträchtigungen sein würden. Ich habe mir insoweit vorzuwerfen, daß ich mich hier auf die Angaben der Ärzte verlassen habe und auch verlassen wollte und vertiefende Nachfragen oder eigene Untersuchungen dazu nicht angestellt habe. Bei den betreffenden Ärzten handelte es sich um staatlich ausgebildete Sportärzte, dies war in der DDR ein eigenes Facharztprofil."[90]

Auch wenn man von Beschönigungen ausgeht, räumt der Funktionär hier doch ein, von schädlichen Nebenwirkungen gewusst und diese in Kauf genommen zu haben. Und mehr noch: er gibt auch zu, dass es eine Vergabe von Dopingmitteln ohne Wissen der Athleten und Athletinnen gab: „Ich sehe mich hier mit dem Vorwurf konfrontiert, daß ich mich einer Anstiftung oder Beihilfe zur Körperverletzung schuldig gemacht habe, da Sportlern u. M. verabreicht worden sind, ohne daß diese davon Kenntnis hatten. Hierzu erkläre ich, daß ich von diesen Vorgängen niemals positiv Kenntnis hatte. Ich muß jedoch einräumen, daß ich mich, was mir aus heutiger Sicht fast unerklärlich und auch unverzeihlich erscheint, mit dieser Frage damals nicht intensiver beschäf-

89 „Die dritte Förderstufe begann mit dem Erreichen bestimmter Leistungskriterien und umfasste drei Kaderkreise. Zum Kaderkreis I gehörten die Topathleten, die auf EM, WM oder Olympische Spiele vorbereitet wurden. Auch Spitzensportler des Kaderkreises II, die für Juniorenweltmeisterschaften vorbereitet wurden, aber schon zu den 50 weltbesten Sportlern gehörten, konnten in den Kaderkreis I aufgenommen werden. Zum Kaderkreis II gehörten die Sportler für die Vorbereitung auf die Jugendwettkämpfe der Freundschaft unter den sozialistischen Ländern und der Jugendweltmeisterschaften. Im Kaderkreis III trainierten diejenigen Sportler, die die Kriterien des Kaderkreises I noch nicht oder nicht mehr erfüllten, von denen man aber eine weitere Leistungssteigerung erwartete." Ebd.

90 Ebd.

tigt habe. Aufgrund meiner Funktion hätte ich natürlich alle erforderlichen Informationen erhalten können, insbesondere auch zu der Frage, ob alle Sportler, die u. M. erhalten würden, auch hiervon Kenntnis hatten und diesem persönlich zugestimmt hatten. Ich habe mir jedoch darüber keine weiteren Gedanken gemacht. Ich kann auch nicht ausschließen, daß ich Näheres nicht wissen wollte, weil ich vielleicht auch geahnt habe, daß solche Mittel ohne die Zustimmung der Sportler eingesetzt worden sind. Ich betrachte dies heute als ein großes Versäumnis, daß ich mich in meiner verantwortungsvollen Position mit dieser Frage nicht näher befaßt habe und empfinde dies persönlich, völlig unabhängig von dem anhängigen Ermittlungsverfahren, als eine erhebliche Belastung."[91]

Auch die Dopingvergabe an Heranwachsende, die jünger als 16 Jahre waren, kommt zur Sprache:

„Hinsichtlich des Einsatzes von u. M. war nach meiner Kenntnis Grundlage, daß u. M. nur bei solchen Sportlern eingesetzt werden durften, die biologisch ausgereift und leistungsfähig im internationalen Spitzenbereich anzusiedeln waren. Generell war ein Mindestalter von 16 Jahren festgelegt. Zunehmend wurde aber auch nach dem Terminus ‚biologisches Alter' entschieden, weil dadurch eine differenzierte Entscheidung der Ärzte möglich war. Infolge der Anwendung dieses Terminus sind u. M., womit ich damals auch rechnen mußte, auch bei Minderjährigen, insbesondere bei Sportarten mit sehr jungem Höchstleistungsalter (z. B. Schwimmen), eingesetzt worden. Abgesehen davon, daß ich grundsätzlich den Einsatz von u. M. nur als notwendig, nicht aber als begrüßenswert empfunden habe, hätten solche Mittel natürlich nicht bei Heranwachsenden, also Minderjährigen, eingesetzt werden dürfen. Aus heutiger Sicht akzeptiere ich die Auffassung, daß eine Rechtfertigung der Vergabe nach biologischem Alter und internationaler Leistungsfähigkeit ein unzureichendes Verantwortungsbewußtsein widerspiegelt, doch ich war mir sicher, daß bei ersten Anzeichen sofort ärztlich verantwortungsbewußt gehandelt wird. Durch regelmäßige Untersuchungen sollten Nebenwirkungen frühzeitig erkannt und vermieden werden." Auch das Doping von Kindern kommt in der Einlassung zur Sprache: „An dieser Stelle möchte ich betonen, daß mir in meinen sämtlichen damaligen Funktionen, als Sportler, als Trainer und als verantwortlicher Funktionär, niemals bekannt geworden ist, daß Kinder gedopt worden sind. Erst im Rahmen der Akteneinsicht habe ich feststellen müssen, daß es auch zu solchen Vorfällen gekommen ist. Hierbei handelt es sich um typische Fälle des von mir so bezeichneten ‚unerlaubten' Einsatzes von u. M. Solches hätte ich, wenn ich dies damals überhaupt für möglich gehalten hätte, unter keinen Umständen zugelassen."[92]

91 Ebd.
92 Ebd.

In dieser Einlassung werden mithin Fakten eingeräumt, die sich in der Darstellung ehemaliger Systemträger normalerweise nicht wiederfinden oder sogar bestritten werden: Es gab „unerlaubtes" bzw. „unkontrolliertes" Doping, von der Forschung wurde es auch als „wildes" Doping bezeichnet, im Folgenden verwenden wir hierfür auch die Bezeichnung „irreguläres Doping", irregulär im Sinne von außerhalb der Anwendungskonzeptionen stehend. Zweitens räumt der Sportfunktionär Doping bei Minderjährigen und Kindern ein, weiterhin das Wissen um Gesundheitsschäden und das Bestreben, mit dem Terminus der „biologischen Reife" die Erstanwendung in ein möglichst junges Alter verlegen zu können.

Hieraus ergibt sich, dass die Sportlerinnen und Sportler einer willkürlich gehandhabten Anwendung ausgesetzt waren: Denn es war alles andere als gesichert, dass ihre „Behandlung" im Rahmen der Anwendungskonzeptionen erfolgte oder ob die Dopingpraxis weit darüber hinaus ging, es gab ebenso keine schützende Altersuntergrenze, auf die man sich hätte verlassen können. Man konnte als Athlet nicht einmal sicher sein, ob man überhaupt von der Doping-Anwendung erfuhr. Allein aus dieser Darstellung ergibt sich, dass die Sportler und Sportlerinnen einem willkürlich verfahrenden Sportsystem und seinen Verantwortlichen ausgeliefert waren.[93]

In einer weiteren Aussage präzisierte der Insider noch deutlicher, dass das Bestreben der Funktionäre darin bestand, die Grenze der biologischen Reife per definitionem möglichst nach unten zu korrigieren: „Jugendliche waren Sportler zwischen 14 und 18 Jahren. Unter 16 Jahren durften generell keine Anabolika verabreicht werden. Andererseits hat man in die u.-M.-Richtlinien den Terminus des biologischen Alters aufgenommen, damit man die feste Grenze von 16 Jahren für die Erstanwendung der Anabolika unterschreiten konnte."[94]

Während der Funktionär, dessen Aussage hier wiedergegeben ist, sein Bedauern bekundet, wollte ein uneinsichtiger Spitzenmediziner auch in seiner Vernehmung 1997 nicht einmal einsehen, dass Doping im Kindes- und Jugendalter verwerflich sei. Im Gegenteil sah er die Anwendung durch das junge Höchstleistungsalter gerechtfertigt: „Diese ständig vorgehaltene Thematik betreffs Minderjährige (gemeint ist die Dopingvergabe, die Verf.) kann ich nicht so ohne weiteres akzeptieren, da im modernen Hochleistungssport, insbesondere in einigen Sportarten, wie z. B. Turnen, Schwimmen und Wasserspringen, das Höchstleistungsalter relativ niedrig ist, im Eiskunstlauf z. B. bis ins 12. Lebensjahr. Es handelte sich hierbei um weit entwickelte Sportlerinnen." Er betonte, er mache „diese Ausführungen nicht, um meine

93 Einlassung, o. D., in: Archiv Generalstaatsanwaltschaft Westhafen/Berlin.
94 Staatsanwaltschaft II bei dem Landgericht Berlin, Protokoll einer Beschuldigtenvernehmung, 22.4.1999, in: Archiv Generalstaatsanwaltschaft Westhafen/Berlin.

Mitverantwortung in diesem gesamten Prozeß zu mindern"[95], doch hatte er am Tag zuvor gegenüber dem Vernehmer protestiert, dass er nicht „für alle Sauereien, die im Zusammenhang mit dem DDR-Leistungssport stehen", verantwortlich gemacht werden wolle.[96] Jahrelange Handlungsweisen hatten sich hier offenbar so eingeschliffen, dass ihr ethisch problematischer Kern für den Sportarzt nicht mehr erkennbar war – ein frühes Höchstleistungsalter rechtfertigte für ihn auch die Anwendung von Doping in dieser Altersklasse.

Eigenmächtige Dosierungen

Bis heute gilt der Fall Ilona Slupianek als wichtigster öffentlich bekannt gewordener Dopingfall der DDR zu Zeiten des Kalten Krieges. Auch hierbei hatte es sich um eine Abweichung von der Doping-Linie gehandelt. Manfred Ewald war zutiefst verärgert, dass hier eine eigentlich nicht eingeplante Dopingdosis der DDR einen internationalen Skandal beschert hatte. Slupianeks Trainer gab intern erst „nach zwei Jahren" zu, dass er die Sportlerin „ohne Genehmigung mit Depot-Turinabol gespritzt hatte", weshalb Höppner gegenüber den internationalen Dopingkontrolleuren „falsche Aussagen machen mußte".[97]

Doch waren tatsächlich auch schon andere DDR-Sportler und Sportlerinnen auffällig geworden, was allerdings in einer Mischung aus Sportdiplomatie und Mauschelei vertuscht werden konnte. So wurde die Thüringer Athletin Marlis Oelsner am 22. August 1975 positiv bei der Junioren-EM in Athen getestet. „Die erste Reaktion des Gen. Ewald war, daß eine solche Situation eigentlich einmal eintreten mußte." Es drohte die Rückgabe von Medaillen und Aberkennung eines Rekords. Die DDR legte Protest ein und versuchte, das vorliegende Ergebnis anzuzweifeln. Sollte dies nicht gelingen, wollte sich „die Sportleitung offiziell von dieser Sportlerin distanzieren" und sie auf Lebenszeit sperren. Intern gestand man allerdings ein, dass dieser Fall ebenfalls durch Unregelmäßigkeiten bei der Doping-Anwendung zustande gekommen war: „Die bisher durchgeführten Untersuchungen ergaben, daß angewiesen war in der unmittelbaren Wettkampfvorbereitung zwei Zyklen der Vergabe von Anabolen bei der Oe. durchzuführen, jedoch drei Zyklen erfolgten und damit bereits im Mai begonnen wurde, offensichtlich im Hinblick auf die Kinder- und Jugend-Spartakiade. Bereits dort fiel die Oe. durch außergewöhnliche Leistungen auf und es gab bereits die ersten Diskussionen. Nach Aussagen der Oe. und ihres Trainers habe man bereits 16 Tage

95 ZERV 222, Beschuldigtenvernehmung, 30.10.1997, in: Archiv Generalstaatsanwaltschaft Westhafen/Berlin.
96 ZERV 222, Beschuldigtenvernehmung, 29.10.1997, in: Archiv Generalstaatsanwaltschaft Westhafen/Berlin.
97 Treffbericht, 18.11.1980, Anlage zum Treffbericht IMB „Technik" vom 21.10.1980, in: BArch, MfS, ZA, A 637/79, zugleich: Landesarchiv Berlin, D Rep. 120-02, Nr. 340.

vor den Europameisterschaften die Anabole abgesetzt und nicht wie üblich 10 Tage davor." Höppner zweifelte jedoch, dass diese Angaben der Wahrheit entsprachen, ebenso misstraute er dem Chefarzt der Sportärztlichen Hauptberatungsstelle (SHB) in Jena und dem dortigen Sektionsarzt. Hier lässt sich nachvollziehen, wie durch „wildes Doping" Misstrauen unter allen Akteuren entstand und hierdurch das gesamte Sportbetrugs-System entdeckt zu werden drohte. Intern verhängte man eine Nachrichtensperre hinsichtlich der Thüringer Athletin: „Auf Weisung des Präsidenten des DTSB, Gen. Ewald, soll vorläufig über diesen gesamten Sachverhalt Stillschweigen gehalten werden. Es handelt sich um den ersten Fall innerhalb des DDR-Leistungssports, der international bekannt wurde und dabei noch um eine erst 17-jährige Aktive."[98]

Als im November 1978 bei einem DDR-Gewichtheber aus Karl-Marx-Stadt bei der Weltmeisterschaft im nordamerikanischen Gettysburg Anabolika nachgewiesen wurden, fuhr Höppner zum zuständigen Dopingkontrolllabor nach Ungarn, um Sanktionen zu verhindern. Die persönliche Intervention war erfolgreich: Nach Unterredungen wurde „festgelegt, daß pro forma die zweite Probe untersucht wird und unabhängig vom Ergebnis" der Präsident des internationalen Verbandes informiert werde, „daß diese negativ verlief und damit die Angelegenheit geklärt ist."[99] Als 1978 die Sorge umging, dass es zu erneuten Diskussionen in internationalen Verbänden und Ärztekommissionen über die positiven Befunde von Slupianek, der Leichtathletin und dem Gewichtheber kommen könnte, sollte laut Höppner „die Eigenmächtigkeit des Trainers und der Sportärztin bei der Anwendung von Anabolika herausgestellt und entsprechende Sanktionen angekündigt werden". Die Argumentation müsse lauten, dass es sich bei den Fällen „ausschließlich um Ausnahmeerscheinungen handelt", und gegebenenfalls eine Forderung nach Ablösung von Trainer und Sportärztin erfolgen.[100]

Die Strategie, solche Abweichungen als Einzelfälle darzustellen, entsprach zwar nicht der Realität, sollte aber das Image des DDR-Sports entlasten. Um das Ansehen des Staatssports zu retten, war man auch zu noch drastischeren Maßnahmen bereit: So schlug ein hochrangiger DTSB-Funktionär im November 1978 vor, man „müsse sich überlegen, ob es nicht an der Zeit sei", demnächst „einmal einen Sportler, der keine ausreichende Perspektive mehr besitzt bzw. kurz vor dem Ausscheiden steht, zu ‚opfern', so langsam würde uns international keiner mehr Glauben schenken."

98 MfS, HA XX/3, 19.12.1975, Information in: BArch, MfS, ZA, A 637/79, zugleich: Landesarchiv Berlin, D Rep. 120-02, Nr. 342.

99 Treffbericht, 5.12.1978, Anlage zum Treffbericht IMV „Technik" vom 27.11.1978, in: BArch, MfS, ZA, A 637/79, zugleich: Landesarchiv Berlin, D Rep. 120-02, Nr. 340.

100 MfS, HA XX/3, 29.12.1978, Information, in: BArch, MfS, ZA, A 637/79, zugleich: Landesarchiv Berlin, D Rep. 120-02, Nr. 340.

Hiermit könne man dann den „Beweis antreten, daß wir selbst im eigenen Land hart durchgreifen."[101] Dass ein Athlet vom eigenen Sportsystem zum Doping gedrängt und dann von diesem verraten und öffentlich an den Pranger gestellt werden sollte, um international politisch zu punkten, kann wohl als eine besondere Form der Heuchelei und Willkür im Sportsystem betrachtet werden.

Eine Sonderstellung nahm im Leistungssportsystem der DDR die Sportvereinigung Dynamo ein, die nach sowjetischem Vorbild als nicht-zivile Sportorganisation gebildet worden war. Ebenso wie der Armeesport firmierte sie als Bezirksorganisation im Deutschen Turn- und Sportbund. Faktisch war diese von MfS, Polizei und Zoll getragene Vereinigung jedoch unabhängig vom DTSB. Sie markierte das sportliche Reich von Erich Mielke, der seit 1953 als Chef der SV Dynamo wirkte, bevor er 1957 zudem zum Minister für Staatssicherheit der DDR ernannt wurde. Das Mielke-Imperium im Sport beruhte auf einem besonderen Zugriff auf finanzielle und personelle Ressourcen.[102] Da der Geheimdienst zugleich den gesamten Sportapparat durchleuchtete, besaß Mielke zudem exklusive Informationen über das Sportsystem und die Beteiligten. Zudem erteilte das MfS die sogenannten „Reisekadergenehmigungen", also die begehrte Erlaubnis, im „nichtsozialistischen Wirtschaftsgebiet" (NSW) an Sportwettkämpfen teilnehmen zu dürfen, was ihm eine zusätzliche Autorität verlieh.

Auch im Bereich des Dopings versuchte Dynamo, einen Vorsprung zu erzielen. Dies setzte die Athleten dieser Sportvereinigung unter einen doppelten Druck: denn sie waren nicht nur irregulären Dopinganwendungen ausgesetzt, sondern mussten dies auch gegenüber dem Sportapparat des DTSB verheimlichen. Das galt vor allem für dessen Spitze, den Präsidenten des DTSB Manfred Ewald, mit dem sich Erich Mielke in einem jahrelangen Kleinkrieg um Einfluss und Macht befand. So wurden Dynamo-Sportler im Frühjahr 1984 „durch die Leitung von Dynamo vergattert", selbst auf die „Gefahr der Entbindung vom Leistungssport" hin keinesfalls etwas über Anweisungen zu irregulärem Doping bei Dynamo an die Sportführung um Manfred Ewald zu verraten.[103]

Als 1983 ein Test für eine Ultraviolett-Bestrahlung des Bluts bei Sportlern begann, erteilte Ewald die Anweisung, dass man hierbei „Dynamo ausklammern" solle, da der „Fall Slupianek zeigte, dass Dynamo Leute nicht ehrlich seien und betrügen würden."

101 Treffbericht, 14.11.1978, Anlage zum Treffbericht IMV „Technik" vom 6.11.1978, in: BArch, MfS, ZA, A 637/79, zugleich: Landesarchiv Berlin, D Rep. 120-02, Nr. 340.

102 Vgl. Braun, Jutta: „Sportfreund Mielke". Das Ministerium für Staatssicherheit und der Kalte Krieg im Sport, in: Collado Seidel, Carlos (Hrsg.): Geheimdienste. Diplomatie. Krieg. Das Räderwerk der internationalen Beziehungen, Berlin u. a. 2013, S. 103–116.

103 Treffbericht, 11.4.1984, in: BArch, MfS, ZA, A 637/79, zugleich: Landesarchiv Berlin, D Rep. 120-02, Nr. 340.

Manfred Höppner sprach sich hingegen für eine Einbeziehung von Dynamo aus, da man das sportmedizinische Potenzial der Sportvereinigung nutzen müsse. Ewald revidierte seine Haltung daraufhin, so dass es zur Bereitstellung von Probanden der SV Dynamo kam.[104] Die Episode offenbart, welche Unsicherheitsfaktoren die Sportführung im eigenen System ausmachte. Zudem wird deutlich, wie Dynamo-Athleten und Athletinnen durch ihre „Vergatterung" in einen Loyalitätskonflikt zwischen der Dynamo-Leitung und der Sportführung um Ewald gebracht wurden.

Doch sogar der vergleichsweise handlungsmächtige Manfred Höppner befand sich in einer heiklen Situation zwischen zwei Stühlen, da er einerseits eng mit Manfred Ewald zusammenarbeitete, aber zugleich als Geheimdienst-Informant gegenüber dem MfS und damit auch gegenüber dessen Sportorganisation Dynamo Loyalität an den Tag zu legen hatte. Insofern versicherte er seinem Führungsoffizier beim Ministerium für Staatssicherheit, dass er Dynamo bei Unregelmäßigkeiten in der Doping-Anwendung stets gedeckt habe: So sei ihm „bekannt, daß in der Vergangenheit desöfteren zusätzliche Maßnahmen entgegen den Festlegungen beim SC Dynamo durchgeführt wurden" und es wiederholt „Anschuldigungen gab." In „jedem dieser Fälle" habe er „schon aufgrund seiner bestehenden Verbindungen zu unserem Organ derartige Angriffe abgefangen und derartige Anschuldigungen zurückgewiesen."[105]

Im Herbst 1977 war für Ewald das „wilde Doping" ein solches Ärgernis geworden, dass er eine interne Dopingkontrolle bei einem Schwimmländerkampf mit den USA anordnete, es sei notwendig „zu wissen, was unsere Leistungen im Schwimmsportverband tatsächlich Wert sind."[106] Schwimmverbandsfunktionäre versuchten wohl noch, die Kontrollen im eigenen Kader zu verhindern: „Auffällig war, daß der Generalsekretär sich gegen diese plötzlich durchgeführten Kontrollen stellte und erreichte, daß etliche Athleten wegen angeblicher Zeitschwierigkeiten (Bankettbesuch) nicht zur Abnahme kamen."[107] Der Verdacht bestätigte sich, da Substanzen aus der Pervitin-Reihe bei den kontrollierten DDR-Schwimmern festgestellt wurden. Manfred Ewald echauffierte sich daraufhin, „dass bei der Leitung der SV Dynamo und deren Klub die größten Betrüger sitzen würden, die durch Manipulationen gegenüber dem

---

104 Treffbericht, 26.4.1983, Anlage zum Treffbericht IMB „Technik" vom 22.4.1983, in: BArch, MfS, ZA, A 637/79, zugleich: Landesarchiv Berlin, D Rep. 120-02, Nr. 340.

105 Treffbericht, 11.11.1977. Zum Vorkommnis bei der Dynamosportlerin SLUPIANEK, in: BArch, MfS, ZA, A 637/79, zugleich: Landesarchiv Berlin, D Rep. 120-02, Nr. 342.

106 Treffbericht, 25.7.1977, in: BArch, MfS, ZA, A 637/79, zugleich: Landesarchiv Berlin, D Rep. 120-02, Nr. 342.

107 Treffbericht, 22.10.1977, in: BArch, MfS, ZA, A 637/79, zugleich: Landesarchiv Berlin, D Rep. 120-02, Nr. 342.

Vorsitzenden der SV Dynamo bessere Ergebnisse vorlegen wollen, als tatsächlich vorhanden."[108]

Doch nicht nur Dynamo, auch andere Sportvereinigungen und Clubs setzten sich über die Anweisungen der Sportführung hinweg, um sich innerhalb des Gesamtsystems einen Vorteil zu verschaffen. So wurden offenkundig Langläufer des SC Traktor Oberwiesenthal und des Armeesportklubs Vorwärts anlässlich eines Gletscher-Lehrgangs mit Depot-Testosteron gespritzt, um die Aufnahme in die Auswahl der Mannschaft zu erreichen. Das war deshalb problematisch, weil Depot-Testosteron noch drei bis vier Wochen nach der Injektion nachweisbar war, weshalb die Anwendung intern Ende 1983 verboten wurde, ebenso wie Depot-Turinabol, das selbst nach mehreren Monaten noch Spuren hinterließ. Es wurden also, so kritisierte Manfred Höppner „illegal u. M. zur Anwendung gebracht, die mit dem eigentlichen Wettkampfgeschehen nichts zu tun haben" und „lediglich clubegoistische Ziele" verfolgten.[109]

Wie essenziell „wildes Doping" zum Sportgeschehen gehörte, wird daran erkennbar, dass selbst Manfred Höppner persönlich, als höchster operativ verantwortlicher Sportmediziner, zuweilen den Anweisungen von Manfred Ewald zuwiderhandelte. Denn entgegen den Festlegungen von Ewald, die Kader nur zu besonderen internationalen Höhepunkten mit „besonderen Maßnahmen" vorzubereiten, wurden bei Schwimmern für einen Länderkampf in den USA Anfang Januar 1982 „alle Maßnahmen wie zu Olympischen Spielen durchgeführt, einschließlich der Testosteronspritzen" unmittelbar vor dem Wettkampf. Höppner erteilte dafür die Genehmigung, „da sonst die geforderten Leistungen nicht zu erbringen gewesen wären".[110]

Auch ein anderer Verbandsarzt ordnete immer wieder „Sonderrationen" an: In Vorbereitung der Schwimm-Delegation für einen Einsatz in den USA Anfang Januar 1979 wurde vom Verbandsarzt Lothar Kipke gemeinsam mit dem für Trainingsmethodik Zuständigen im DTSB „durchgesetzt", wie Höppner es formulierte, dass die ausgewählten Aktiven jeweils 11 Testosteron-Injektionen erhielten. Auch hier waren die Verantwortlichen der Ansicht, „daß die Aktiven bei Nichtdurchführung überhaupt erst nicht in die USA zu fahren brauchen." Auch den Betroffenen fiel diese Unregelmäßigkeit auf, und sie gab Anlass zu besorgten Nachfragen. „Selbst die Aktiven stellten

108 MfS, HA XX/3, Information, 26.10.1977, in: BArch, MfS, ZA, A 637/79, zugleich: Landesarchiv Berlin, D Rep. 120-02, Nr. 342.
109 Treffbericht, 5.11.1983, in: BArch, MfS, ZA, A 637/79, zugleich: Landesarchiv Berlin, D Rep. 120-02, Nr. 340.
110 Treffbericht, 3.2.1982, in: BArch, MfS, ZA, A 637/79, zugleich: Landesarchiv Berlin, D Rep. 120-02, Nr. 340.

in diesem Zusammenhang die Frage, ob wir jetzt schon bei mittelmäßigen Veranstaltungen die ‚scharfen Sachen' anwenden."[111]

Während sich SMD-Chef Höppner und einzelne Verbands- und Clubärzte also wiederholt über getroffene Vereinbarungen hinwegsetzten, versuchte man parallel die Bezirkssportärzte zur Disziplin zu erziehen. So wurden letztere bei einer Beratung im Dezember 1983 „nochmals eindringlich darauf hingewiesen", dem „Mißbrauch mit u. M. Einhalt zu gebieten". Ab 1984 sollten diesbezügliche Vergehen einschließlich „der Anwendung ohne bestätigte Konzeption an Gen. Ewald gemeldet" werden, „was in der Regel die Entbindung vom Leistungsauftrag zur Folge" haben sollte.[112] Wie aber sollte ein System stabilisiert werden, das an so vielen verschiedenen Stellen ausfranste?

Ein leitender Arzt im sportmedizinischen Dienst der DDR räumte den Kontrollverlust in seiner Vernehmung offen ein: „Wir haben mit Mißbräuchen gerechnet. Es war uns klar, daß es immer dazu kommen kann." Zugleich stellte er die Sanktionsmöglichkeiten als begrenzt dar: „Es war allerdings so, daß wir meist erst anhand der Jahresendanalysen merkten, wenn Ärzte oder Trainer mehr als erlaubt verabreicht haben. Dann haben wir mit diesen Leuten gesprochen und sie darauf hingewiesen. Wir haben sie ermahnt und deutlich gemacht, daß wir bei einer Wiederholung ihre Dienstvorgesetzten informieren würden." Doch habe man „keine Disziplinarbefugnisse" gehabt.[113]

Ein anderer Funktionär, Mitarbeiter in der Arbeitsgruppe u. M., berichtet hingegen über Disziplinierungs-Versuche: So gehörte es zu seinen „Aufgaben", dass er „bei bekanntgewordenen Konzeptionsverstößen vom zuständigen Vizepräsidenten" des DTSB beauftragt wurde, gemeinsam mit einem Arzt vom SMD „bei Sektionsärzten, Trainern und dem Athleten nachzufragen, wie es zu dem Konzeptionsverstoß kommen konnte." „Du fährst da jetzt hin!" habe in solchen Fällen auch die Anweisung von Manfred Höppner gelautet. Doch stand ihrem Anliegen entgegen, „daß Konzeptionsverstöße durchaus vom Verband gedeckt" wurden, „das machte auch unsere Arbeit bei entsprechenden Verstößen so schwierig. Ich wurde regelrecht von einem Trainer bedroht", als er „bei einem solchen Konzeptionsverstoß im Auftrag des DTSB ermitteln" sollte.[114]

---

111 Treffbericht, 2.1.1979, in: BArch, MfS, ZA, A 637/79, zugleich: Landesarchiv Berlin, D Rep. 120-02, Nr. 340.

112 Treffbericht 29.12.1983, Anlage zum Treffbericht IMB „Technik" vom 28.12.1983, in: BArch, MfS, ZA, A 637/79, zugleich: Landesarchiv Berlin, D Rep. 120-02, Nr. 340.

113 Staatsanwaltschaft II bei dem Landgericht Berlin, 22.5.1996, in: Archiv Generalstaatsanwaltschaft Westhafen/Berlin.

114 Staatsanwaltschaft II bei dem Landgericht Berlin, 15.4.1999. Protokoll einer Beschuldigtenvernehmung, in: Archiv Generalstaatsanwaltschaft Westhafen/Berlin.

Zudem beobachtete er noch eine andere bedenkliche Praxis bei den Trainern: So schilderte der DTSB-Funktionär dem Vernehmer, dass eine illegale Ausweitung des Dopingsystems „so gehandhabt wurde, daß Trainer oftmals bestimmte Reserven an u. M. ansammelten, d.h. OT-Tabletten, die sie für einen bestimmten Sportler nicht brauchten, weil er gerade krankheits- oder verletzungsbedingt nicht trainieren konnte. Mit solchen angesammelten Reserven an OT wurden dann die Leute versorgt, die eigentlich gar nicht in den Konzeptionen waren."[115]

Radikalisierungen

Ein Abweichen von Konzeptionen, im Sinne einer Ausweitung der Dopinganwendung, konnte jedoch auch über formelle Kanäle geregelt werden. Dass sich diese etablierten, zeigt, wie sehr die Dopingpraxis dahin tendierte, das eigentlich vorgesehene Maß zu überschreiten. So war es laut dem Funktionär, dem die unangenehme Aufgabe der Ahndung von Sanktionsverstößen zufiel, „durchaus üblich, daß auch nachträgliche Abweichungen von Verbandskonzeptionen beantragt wurden. An den SMD wurde dann beispielsweise der Antrag gerichtet: ‚Hier gibt es einen Nachtrag von Dr. XY aus dem Verband so und so von einem bestimmten Verbandsarzt.' Diese Abweichungen von den ursprünglichen Konzeptionen wurden dann in der Regel bestätigt. Solche Nachträge konnten sich auf bestimmte Sportler beziehen oder auch auf nachträglich hinzugekommene Wettkämpfe, die man als Wettkampfhöhepunkte eingestuft wissen wollte."[116] Mit der nachträglichen Bestätigung schuf man einen scheinlegalen Kontext, der aber zugleich zu ähnlichem Handeln in der Zukunft ermunterte und damit die bestehenden Regularien der Konzeptionen weiter aushöhlte, da sich diese als im Nachhinein dehnbar herausstellten.

Ein Verbandsarzt für Leichtathletik erinnerte sich zudem an die latente Tendenz, den Anwenderkreis jenseits der Spitzenkader auszuweiten: „Ergänzend zu den Konzeptionen fällt mir noch ein, dass es jedes Jahr eine ganze Menge Anträge, sogenannte Sonderanträge von Leuten aus dem C-Kader gab, die auch noch in die Konzeption einbezogen werden sollten. Dabei handelte es sich um Sportler, die nicht der Spitzengruppe angehörten, die nicht mehr oder noch nicht die entsprechenden Leistungen brachten, man erhoffte sich jedoch dennoch, unter u. M.-Gaben bessere Leistungen erzielen zu können. Höppner war dagegen, dass auf diese Weise ‚illegal' die u. M.-Programme immer weiter ausgedehnt wurden."[117]

115 Staatsanwaltschaft II bei dem Landgericht Berlin, 15.4.1999. Protokoll einer Beschuldigtenvernehmung, in: Archiv Generalstaatsanwaltschaft Westhafen/Berlin.
116 Staatsanwaltschaft II bei dem Landgericht Berlin, 15.4.1999. Protokoll einer Beschuldigtenvernehmung, in: Archiv Generalstaatsanwaltschaft Westhafen/Berlin.
117 Staatsanwaltschaft II bei dem Landgericht Berlin, 21.7.1999. Vernehmungsprotokoll, in: Archiv Generalstaatsanwaltschaft Westhafen/Berlin.

Generell beobachtete die Leitung der Sportmedizin über die Jahre, „daß von Trainern verstärkt der Einsatz von u. M. gefordert wurde. Wenn man zuerst drei Anwendungszyklen hatte, wurden später fünf beantragt, mir war die Gefahr dieses verstärkten Einsatzes bewußt.“[118] Auch ein hochrangiger DTSB-Funktionär gab an, beobachtet zu haben, wie eine „gefährliche ‚Grauzone'“ entstand, „die zunehmend die Gefahr und die Möglichkeit eröffnete, die vorgesehenen Planungs-, Steuerungs- und Kontrollmaßnahmen zu unterlaufen.“ Er bestätigte, dass Verstöße gegen Konzeptionen „weit häufiger, als angenommen, zu verzeichnen waren“ und die Festlegungen zur Altersbegrenzung und hinsichtlich einer Anwendung nur bei Sportlern der Kaderkreise I, II und III in der 3. Förderstufe in verschiedenen Sportarten unterlaufen wurden.[119]

Hinsichtlich der Dopingforschung wurde ohnehin gezielt der Bereich der Elitesportler verlassen. So erklärte ein leitender Sportmediziner in seiner Vernehmung über Experimente am Forschungsinstitut für Körperkultur und Sport (FKS): „Die Trainer waren mit Recht der Auffassung, daß bei der Anwendung von neuen u. M. der Nutzen für die Leistungsentwicklung erst eindeutig nachgewiesen sein muß, (da dies sonst, die Verf.) für die absoluten Topsportler zu risikohaft ist, d.h. die übernommenen Leistungsziele evtl. dann nicht realisiert werden können. Deshalb hat das FKS meines Wissens sich dann Probanden aus Sportlerkreisen gesucht, die keine hohen Leistungsaufträge hatten. Grundsätzlich, würde ich sagen, aus den Leistungskadern II und III oder tatsächlich aus dem Bereich des Freizeitsports.“[120] Auch Manfred Ewald wollte im April 1983 die Methode der Ultraviolett-Bestrahlung des Blutes in einer Beratung mit Manfred Höppner nicht für Olympiakader freigeben. „Gen. Ewald lehnte daraufhin generell die Anwendung dieser Methode bei allen O-Kadern ab und wies an, alle bereits eingeleiteten Maßnahmen sofort abzubrechen mit dem Bemerken: Unreife Kastanien kann man nicht an O-Kader verfüttern. Sein Einverständnis gab er zu Testversuchen bei Kadern, die unter der Grenze der O-Kader liegen, jedoch müsse dieser Kreis konkret bestimmt und ihm vorher zur Bestätigung vorgelegt werden.“[121]

Der Anlass zur Ausweitung des Dopings auch auf Anschlusskader konnte auch ganz konkret sein, wie im Jahr 1984 anlässlich des Boykotts der Olympischen Spiele in Los Angeles, an dem sich die DDR im Fahrwasser der Sowjetunion gezwungenermaßen beteiligen musste. Nachdem das NOK der DDR über die Nichtteilnahme hatte ent-

118 Staatsanwaltschaft II bei dem Landgericht Berlin, 22.5.1996, in: Archiv Generalstaatsanwaltschaft Westhafen/Berlin.

119 Einlassung, 25.4.1999, in: Archiv Generalstaatsanwaltschaft Westhafen/Berlin.

120 ZERV 222, Beschuldigtenvernehmung, 29.10.1997, in: Archiv Generalstaatsanwaltschaft Westhafen/Berlin. Vgl. hierzu auch die Ergebnisse der Studie von Richter, Wissenschaftlich begründet?

121 Treffbericht, 26.4.1983, Anlage zum Treffbericht IMB „Technik“ vom 22.4.1983, in: BArch, MfS, ZA, A 637/79, zugleich: Landesarchiv Berlin, D Rep. 120-02, Nr. 340.

scheiden müssen, verordnete Ewald den verschärften Einsatz von Dopingmethoden, „damit Spitzenleistungen noch vor und unmittelbar nach den Spielen gebracht" werden. „In diesem Zusammenhang erklärte Gen. Ewald, daß hinsichtlich der Anwendung unterstützender Mittel alles erlaubt sei, entscheidend ist die erbrachte Leistung." Dieses „grüne Licht" zur Radikalisierung des Dopings galt ausdrücklich „auch bei Athleten der 2. und 3. Reihe".[122] Mit aller Macht und intensivierter pharmazeutischer Behandlung auch von jungen Anschlusskadern sollten mithin die Einbußen an staatlicher Selbstdarstellung wettgemacht werden, die durch den Boykott 1984 verursacht wurden.

Bisweilen befielen Höppner auch bei neuen Substanzen Zweifel ob deren Beherrschbarkeit: So meldete er 1978 „Bedenken" bei dem „Teilvorhaben zur Anwendung von Psycho-Pharmaka zur Erhöhung der Aggressivität der Leistungssportler im unmittelbaren Wettkampf" an. „Wird es überhaupt möglich sein, die damit erzielte Aggressivität in die richtige Richtung zu lenken und unter Kontrolle zu halten?" Für die „Wissenschaftler" sei „nach Vorliegen des Präparates alles weitere uninteressant und sie haben auch keinen Einfluß mehr in der anschließenden konkreten Anwendung, woraus sich eine äußerst hohe Verantwortung der Sportmediziner ergibt."[123] In der Tat sollte sich später erweisen, dass die Substanz nicht nur für dopende Boxer, sondern auch für ihre Gegner hochgefährlich war, da hierdurch die Gefahr schwerer Verletzungen massiv erhöht wurde.[124] Auch mit Wachstumshormonen wurde experimentiert, obgleich aus der medizinischen Anwendung bekannt war, dass es bei „nicht richtiger Anwendung bzw. überhöhten Dosierungen" zu „Mißbildungen bestimmter Körperteile kommen kann." Dennoch ordnete Ewald im Dezember 1983 an, weiter zu testen, inwieweit „dieses Präparat tatsächlich leistungsfördernd wirkt."[125]

Auf der Suche nach den Verantwortlichen: Funktionäre, Ärzteschaft, Trainer

Es lohnt sich, noch etwas länger im Feld der Verantwortungsträger in Sportorganisationen, bei der Ärzteschaft und der Gruppe der Trainer zu verweilen. Denn wenn man wissen will, weshalb es zu derart gravierenden Körperverletzungen gekommen ist, muss das Kräftefeld von Zuständigkeiten ebenso wie die Auflösung von persönlichen Betreuungsverhältnissen zwischen Arzt und Patient in Rechnung gestellt werden. In

122 Treffbericht, 15.6.1984, Anlage zum Treffbericht IMB „Technik", in: BArch, MfS, ZA, A 637/79, zugleich: Landesarchiv Berlin, D Rep. 120-02, Nr. 340.

123 Treffbericht, 2.1.1979, Anlage zum Treffbericht IMV „Technik" vom 19.12.1978, in: BArch, MfS, ZA, A 637/79, zugleich: Landesarchiv Berlin, D Rep. 120-02, Nr. 340.

124 Zeitzeugengespräch mit einem geschädigten Boxsportler, 15.6.2021.

125 Treffbericht, 1.12.1983, in: BArch, MfS, ZA, A 637/79, zugleich: Landesarchiv Berlin, D Rep. 120-02, Nr. 340.

der eingangs zitierten Einlassung eines führenden Sportfunktionärs wird deutlich, dass er sich hinter das Schutzschild einer „ärztlichen Kontrolle“ des Geschehens zurückzieht. Lesen wir speziell hierzu noch eine weitere Passage seiner Darlegungen: „Mir war in meiner damaligen Funktion bekannt, daß es eine streng vertrauliche u. M. Richtlinie gab. (...) Mir war hierbei auch bewußt, daß es vorübergehend auch zu unerwünschten Nebenwirkungen, also auch zu körperlichen Beeinträchtigungen der Sportler kommen konnte, die solche Mittel einsetzen. Hierbei habe ich jedoch auf die Versicherungen der hochqualifizierten Sportärzte der DDR vertraut, daß es zu keinen Spätfolgen kommen würde. Der Frage, ob solche Mittel stets nur mit Zustimmung der entsprechenden Sportler eingesetzt wurden, habe ich nicht die erforderliche Beachtung geschenkt.“[126]

Hier erscheinen also die Sportärzte als die Hauptverantwortlichen – und in letzter Konsequenz auch die Schuldigen, da sie nach dieser Lesart etwas zusicherten, das nicht zutraf. Auch ein anderer hochrangiger DTSB-Funktionär wies die Verantwortung ebenfalls klar den Ärzten zu: er habe „der hohen Fachkompetenz und dem Verantwortungsbewußtsein der für den Einsatz unterstützender Mittel zuständigen Sportmediziner voll vertraut.“[127] Er gab an, „daß durch uns die Wirksamkeit und die Sicherheit der durch Sportmediziner indizierten, gesteuerten und kontrollierten Anwendung anaboler Substanzen überschätzt und die möglichen Gefahren und Nebenwirkungen insbesondere bei jungen Sportlerinnen aus mangelnder Kenntnis unterschätzt wurden.“[128] Hier wird also sogar suggeriert, die Ärzte hätten die Dopinganwendung „indiziert“, also als medizinisch notwendig angezeigt – was medizinisch keinen Sinn ergibt, aber zum Ausdruck bringt, wie stark die Last der Verantwortung hier allein den Ärzten zugewiesen wird.

Aber ist es wirklich so gewesen, dass es vor allem die Sportärzte waren, die Funktionäre und Trainerschaft in Sicherheit wogen? Sowohl aus den gerichtlichen Ermittlungen wie aus zeitgenössischen Akten wird deutlich, dass das Verhältnis der Verantwortlichen zueinander erheblich komplexer war. So lag zweifellos eine Ursache für die unberechenbare Eskalation des Dopings im Ehrgeiz der Trainer begründet. Ein DTSB-Funktionär betonte in seiner Vernehmung das starke Abhängigkeitsverhältnis zwischen Trainer und Sportler: „Der Erziehungsprozeß umfaßte die gesamte schulische und berufliche Entwicklung. Über beide Bereiche wachte der Trainer. Ich habe dazu oft gesagt, der Sportler sei der Leibeigene des Trainers. Der Trainer war für alle persönlichen und beruflichen Bereiche des Sportlers zuständig. Die Konzeption im DDR-Sport war, daß der Trainer über alle Aktivitäten, die den Sportler betrafen, unter-

126 Einlassung, o. D., in: Archiv Generalstaatsanwaltschaft Westhafen/Berlin.
127 Einlassung, 25.4.1999, in: Archiv Generalstaatsanwaltschaft Westhafen/Berlin.
128 Einlassung, 25.4.1999, in: Archiv Generalstaatsanwaltschaft Westhafen/Berlin.

richtet werden mußte. Ohne sein Wissen waren keine sportlichen, medizinischen oder beruflichen Maßnahmen gestattet. (...) Es war bekannt, daß Trainer unerlaubt unterstützende Mittel anwandten."[129]

Der leitende Sportmediziner Manfred Höppner übte bereits zu DDR-Zeiten Kritik an der Trainerschaft, da er den Eindruck hatte, dass diese ihre Machtstellung missbrauchte: Die Trainer hätten „zum Teil unverantwortliche Vorstellungen, die ausgerichtet sind auf den eigenen Vorteil, jedoch zum Schaden der Aktiven. So versucht der Trainer G. die Ärzte zu beeinflussen, damit die Hochspringerin W. präpariert wird mit dem Ziel, Weltrekord zu springen, selbst wenn Nachwirkungen auftreten sollten und motiviert dies damit, daß er nicht weiß, ob er im nächsten Jahr überhaupt noch als Trainer arbeitet und deshalb mit dem Weltrekord nicht bis zu den nächsten OS warten könne." Im Leichtathletikverband habe zudem ein Trainer gegen die Einschränkung der Anwendung von Anabolika protestiert, da man ihn damit an der Erfüllung der Leistungsaufträge hindere.[130]

Die Tatsache, dass offenkundig Trainer versuchten, um des eigenen Vorteils willen die Dosierungen zu erhöhen und hierzu Ärzte unter Druck setzten, entspricht nicht der retrospektiven Darstellung Thomas Köhlers, dass „die Anwendung von Arzneimitteln im Sport durch Nichtmediziner nahezu ausgeschlossen war" und es „genaue Festlegungen" gab, „wer, was, wann und wo von den Trainern oder Ärzten bekam."[131] Der wichtigste Verantwortliche im SMD verlor während einer Vernehmung fast die Nerven, da ihm die Rolle der Trainer zu weichgespült erschien: „Ich möchte mich dagegen wehren, daß – wie es oft von der Presse dargestellt wird – die Trainer so tun, als hätten sie nichts gewußt, oder aber den Sachverhalt so darstellen, als seien sie von der Sportmedizin zur Anwendung von Anabolika und anderen unterstützenden Mitteln gezwungen worden. Im DDR-Sport herrschte ein Wettbewerbssystem. Das Einkommen der Trainer und gewisser Funktionäre war von dem Ergebnis der sportlichen Leistungen abhängig. Nicht selten war der Druck der Sportpraxis auf die Sportmedizin massiv, wenn es um die großzügige Anwendung unterstützender Mittel ging (...) Frage (des Vernehmers, die Verf.): Wollen sie andeuten, daß Sie im Bereich Leistungssport II nur auf Antrag der Trainer tätig wurden? Antwort: Ja, das war so. Ich möchte es so formulieren, die Trainer haben ihre Vorschläge mit den Sportverbänden abgestimmt. Die sogenannte u. M.-Konzeption der Sportverbände wurde dann an uns weitergereicht, wo sie überprüft wurde."[132] Ein DTSB-Funktionär erklärte in seiner

---

129 Staatsanwaltschaft II bei dem Landgericht Berlin, 22.5.1996, in: Archiv Generalstaatsanwaltschaft Westhafen/Berlin.

130 OS= Olympische Spiele. MfS, HA XX/3, 8.8.1974, in: BArch, MfS, ZA, A 637/79, zugleich: Landesarchiv Berlin, D Rep. 120-02, Nr. 342.

131 Köhler, Zwei Seiten, S. 194.

132 Vernehmung, 21.5.1996, in: Archiv Generalstaatsanwaltschaft Westhafen/Berlin.

Vernehmung: „Grundsätzlich haben die Verbandsärzte die einzureichenden Konzeptionen unterschrieben. In einigen Verbänden wollten aber auch die Verbandstrainer, die Generalsekretäre und die Cheftrainer bezüglich der u. M.-Problematik Einfluß nehmen. (...) Speziell dort, wo u. M. eine große Rolle spielten, wurde von den Generalsekretären und Trainern tüchtig mitdiskutiert."[133]

Nach Erinnerung eines Doping-Verantwortlichen im Sportmedizinischen Dienst herrschte eine Dauerspannung zwischen Trainern und Ärzteschaft: Es kam zu Situationen, wo „ja auch von manchen Trainern harte Attacken gegen Ärzte geführt wurden, wenn sie sich nicht für den Einsatz von u. M. rigoros einsetzten." Er wisse „aus persönlichen Gesprächen während der vielen Jahre meiner Tätigkeit mit Ärzten, daß sie oft zwischen Baum und Borke standen. Das heißt zwischen den Wünschen der Trainer und manchmal auch der Athleten und der getroffenen Festlegung für Anwendung von u. M. und sie auch von einzelnen Clubfunktionären attackiert wurden mit dem Hinweis, ob sie denn noch zu ihrem Sportklub stehen. Es ist mir auch bekannt, daß einzelne Ärzte diesem Druck im Leistungssport nervlich nicht stand gehalten haben und sich je nach Charakter und Temperament in andere Funktionen des SMD z. B. als Kreissportärzte geflüchtet haben. Einzelne haben auch inoffiziell die DDR verlassen (...).[134]

Bereits die zeitgenössischen Akten halten in der Tat fest, dass es Stimmen einzelner Mediziner und Medizinerinnen gab, die die Verantwortung nicht mehr mittragen wollten: So warnte Manfred Höppner im Februar 1981, dass „die Teilnahme an internat. Veranstaltungen zunimmt und damit verbunden auch die Anwendung u. M. Nicht vermeidbare Nebenerscheinungen speziell bei den weiblichen Athleten nehmen zu und es mehren sich die Stimmen auch von Ärzten (...) dass sie die Risiken nicht mehr verantworten können. Es wäre unbedingt notwendig, bei bestimmten Sportlern mit der Vergabe von u. M. eine einjährige Ruhepause einzulegen. Das würde bedeuten, dass zwischen den Olympischen Spielen nicht immer Höchstleistungen erbracht werden können." Manfred Ewald stellte ihm daraufhin „die ultimative Frage, ob er nicht mehr bereit wäre, seine Handlungsweisen zu verantworten". Es läge in der Verantwortung von Höppner, „was er genehmigt und was nicht."[135]

Auch der Ost-Berliner Chirurg und Chefarzt im Städtischen Krankenhaus Pankow Kurt Franke[136] beklagte 1975 im Nachgang einer Ärztetagung, dass sich die Doping-

133 Staatsanwaltschaft II bei dem Landgericht Berlin, 15.4.1999. Protokoll einer Beschuldigtenvernehmung, in: Archiv Generalstaatsanwaltschaft Westhafen/Berlin.

134 ZERV 222, Beschuldigtenvernehmung, 30.10.1997, in: Archiv Generalstaatsanwaltschaft Westhafen/Berlin.

135 Treffbericht, 28.2.1981. Anlage zum Treffbericht IMB „Technik" vom 16.2.1981, in: BArch, MfS, ZA, A 637/79, zugleich: Landesarchiv Berlin, D Rep. 120-02, Nr. 340.

136 Kurt Franke: Chirurg am linken Ufer der Panke. Erinnerungen. Berlin 2002.

vergabe durch die Trainer immer stärker verselbstständige: So mehrten sich „Anzeichen, daß Trainer im Erfolgsstreben unter Umgehung ärztlicher Ratschläge in unkontrolliert hohen Dosen Turinabol verabfolgen. Die Beschaffung ist ohne Schwierigkeiten möglich, da Rezepte auf den Namen anderer oder auch der Trainer selbst ausgestellt werden können. Das bringt natürlich die Möglichkeiten der ärztlichen Kontrolle von Steroidgaben völlig durcheinander."[137]

Natürlich musste es aber auch Ärzte geben, die bereit waren, derartige Rezepte entgegen der Berufsethik auszustellen – insofern konnte sich das System nur im Zusammenwirken von Ärzte- und Trainerschaft radikalisieren. Ein Leichtathletik-Trainer des SC Cottbus verschaffte sich über den Bekannten einer Leistungssportlerin, der als Gynäkologe arbeitete, unerlaubt Anabolika und brachte sie ohne Genehmigung zur Anwendung. Er wurde daraufhin von seiner Funktion entlassen.[138]

Im November 1975 schlug Höppner Alarm, als Trainer um ihrer Prämien willen offenbar schon Spartakiade-Kindern Dopingmittel verabreichten, da „man in der sportmedizinischen Unterstützung" offensichtlich „die einzige Möglichkeit für weitere Leistungssteigerungen sieht. Augenfällig war dies selbst bei der Spartakiade, wo ein großer Teil, selbst Sportler noch im Kindesalter, bereits ‚angefüttert' worden sind." Höppner „hob in diesem Zusammenhang besonders die Aktivitäten der Trainer hervor, die von den Ärzten verlangen und zum großen Teil auch durchsetzen, alle erlaubten und unerlaubten Mittel einzusetzen. Letztlich hängt davon ihr Prämienanteil ab, der wesentlich höher ist als der der Ärzte".[139]

Erneut wirft diese Episode ein problematisches Licht auf das Verhalten der Ärzteschaft, die sich in ihren Verschreibungen von einzelnen Trainern beeinflussen ließ und offenkundig sogar blanko Rezepte ausstellte. Dies berührt einen weiteren zentralen Punkt, der auch in den Ermittlungen der ZERV aufgegriffen wurde: die grundsätzliche Frage nach dem Arzt – Patientenverhältnis, wie es sich im DDR-Sportsystem darstellte.

Entscheidend war, dass das direkte Betreuungsverhältnis zwischen Arzt und „Patient" durch das Zwischenschalten der Trainer ohnehin aufgebrochen war. Hierfür ist es sinnvoll, sich noch einmal den Weg der Dopingmittel zu vergegenwärtigen, wie er von einem Sportmediziner rekapituliert wurde: „Die Medikamente wurden von der Leitung des Sportmedizinischen Dienstes bei der Apotheke im Haus der Ministerien bestellt. Sie wurden von dort an den Apotheker des Sportmedizinischen Diens-

137 Treffbericht, 18.7.1975, in: BArch, MfS, AIM 16572/89.

138 Treffbericht, 12.8.1978. Anlage zum Treffbericht IMV „Technik" vom 8.8.1978, in: BArch, MfS, ZA, A 637/79, zugleich: Landesarchiv Berlin, D Rep. 120-02, Nr. 340.

139 Treffbericht, 8.11.1975, in: BArch, MfS, ZA, A 637/79, zugleich: Landesarchiv Berlin, D Rep. 120-02, Nr. 342.

tes geliefert und in den Räumen des SMD gelagert. Von dort aus wurden sie an die sportärztlichen Hauptberatungsstellen ausgegeben. Das passierte auf Abruf. Die Medikamente wurden mit Kurier dorthin verbracht."[140] In den Bezirken gab es dann eine eigene Kette der Weiterverteilung: „Es war so, daß jede sportärztliche Hauptberatungsstelle ein eigenes Depot von Präparaten hatte. Der Bezirkssportarzt hatte sie in der Regel in seinem Panzerschrank verschlossen. Er führte genau darüber Buch, wieviele Mittel er hatte und wem er sie ausgab. Wenn der Sektionsarzt auf ihn zutrat und sagte, er brauche eine bestimmte Anzahl von Tabletten für die Trainingsgruppe, händigte er ihm diese aus und ließ ihn eine Art Quittung unterschreiben. Da manche Sektionsärzte bis zu 100 Sportler zu betreuen hatten, war es für sie nicht machbar, die Präparate den einzelnen Sportlern selber zu geben. Dann händigten sie die Mittel den Trainern aus. (...) Jeder Leistungssportler mußte beim Eintritt in den Leistungssport unterschreiben, daß er keine freie Arztwahl hatte und nichts über den Leistungssport erzählen durfte."[141] Die Vergabe der Tabletten wurde somit aus dem ärztlichen Kontext gelöst und in das Trainingsumfeld der Sportler und Sportlerinnen verlegt, gleichsam in ihren Trainingsalltag integriert, was die Schwelle zur Einnahme vermutlich deutlich gesenkt hat. Zugleich konnte damit eine erhebliche Distanz im Betreuungsverhältnis zwischen Arzt und Sportler entstehen.

In den Vernehmungen äußerte sich ein ehemaliger Mitarbeiter des Instituts für Arzneimittelprüfung sehr dezidiert zur Verletzung von Berufspflichten durch die Ärzteschaft im Sport. Er selbst war zuständig für die Prüfung der Voraussetzungen für die Zulassung von Arzneimitteln in der DDR. Er wies darauf hin, dass in der DDR nahezu alle wirksamen Arzneimittel rezeptpflichtig gewesen seien. Das betraf auch alle Hormonpräparate, alle Anabolika, alle Antibiotika und alle Chemotherapeutika. Diese Mittel seien grundsätzlich verschreibungspflichtig gewesen. Eine Verschreibung sei jedoch nur statthaft im Rahmen einer direkten Behandlung eines Patienten durch einen Arzt. Die Frage, ob Testosteron auch außerhalb einer Heilbehandlung verabreicht werden durfte, verneinte der Mitarbeiter eindeutig. Die Applikation an gesunden Frauen, ohne medizinische Indikation, sei unzulässig gewesen. „Eine Einwilligung des Probanden oder des Mädchens oder der Frau ändert nach meiner Auffassung nichts an der Tatsache, daß diese Anwendung ethisch nicht vertretbar ist und aus ärztlicher Sicht keinesfalls erfolgen darf, auch wenn der Wunsch oder die Einwilligung des Patienten vorliegt." Die Anwendung etwa von Testosteron, ohne medizinische

140 Staatsanwaltschaft II bei dem Landgericht Berlin, 22.5.1996, in: Archiv Generalstaatsanwaltschaft Westhafen/Berlin.
141 Staatsanwaltschaft II bei dem Landgericht Berlin, 22.5.1996, in: Archiv Generalstaatsanwaltschaft Westhafen/Berlin.

Indikation, sei nicht nur ein Verstoß gegen das Arzneimittelgesetz, sondern auch gegen ärztliche Berufspflichten. Oral-Turinabol sei ursprünglich gedacht gewesen für „konsumierende Erkrankungen" wie Krebs, um die körpereigene Eiweißbildung und eine Zunahme des Gewichts zu fördern.[142]

Auch eine Pharmazeutin, die im Ministerium für Gesundheitswesen mit dem Zentralen Gutachterausschuss für Arzneimittelverkehr befasst war, wies die in der Sportmedizin geübte Praxis scharf zurück: Die Anwendung eines Arzneimittels sei vom Grundsatz gebunden an Erkrankungen. So wurde Oral Turinabol im Arzneimittelverzeichnis zum Aufbau des Körpers im Zusammenhang mit Abbauerscheinungen nach Krankheiten geführt, unter „Rekonvaleszenz" sei zu verstehen gewesen, „daß jemand klinisch krank war und wieder auf die Beine gebracht werden muß". Es sei hingegen ein Verstoß gegen das Arzneimittelgesetz, wenn man Anabolika „zweckentfremdet" wie im Sport anwendete.[143]

Wie weit sich Sportärzte in der DDR von diesen Grundsätzen entfernten, macht das Beispiel eines Sektionsarztes deutlich, der zugleich als Inoffizieller Mitarbeiter für das MfS wirkte.[144] Als Sektionsarzt hatte er faktisch eine Weiterleitungsfunktion, er erhielt die „unterstützenden Mittel" vom Chefarzt einer Sportärztlichen Hauptberatungsstelle (SHB). Er übergab die Tabletten „kommentarlos" an die Trainer „gegen Quittung" und zwar immer in „neutraler Verpackung". Auch liefen in seiner Scharnierfunktion die Wünsche von Trainern auf, so erhielt er direkt die Anfrage von einem Trainer, „ihm zusätzliche blaue Tabletten zu übergeben", da „seine Sportler schlecht seien".[145] Auch der Chefarzt der SHB beschrieb im Nachhinein, wie weit sich die Praxis von ärztlichen Pflichten entfernt hatte: „Ich räume ein, daß die Verabreichungen der genannten Mittel ärztlich nicht indiziert waren, sondern dem Zweck der Leistungsentwicklung dienten. Ich habe mir damals systembedingt darüber keine großen Gedanken gemacht. Dies war auch den Sektionsärzten bekannt. Wir haben uns auch einmal darüber unterhalten. Es wurden auch ernsthafte Bedenken geäußert, letztlich führte das aber nicht dazu, diese Mittel nicht anzuwenden. Das wäre quasi mit dem Ausscheiden gleichbedeutend gewesen. Eventuell hätte sich für den einen oder ande-

142 ZERV 222, 16.3.1995, Mitarbeiter Institut Arzneimittelprüfung, in: Archiv Generalstaatsanwaltschaft Westhafen/Berlin.

143 Polizeipräsident in Berlin, ZERV 222, Vernehmung eines Zeugen, 20.3.1995, in: Archiv Generalstaatsanwaltschaft Westhafen/Berlin.

144 ZERV 222, Vernehmung eines Beschuldigten, 10.6.1998, in: Archiv Generalstaatsanwaltschaft Westhafen/Berlin.

145 ZERV 222, Vernehmung, 22./23.6.1998, Sektionsarzt, in: Archiv Generalstaatsanwaltschaft Westhafen/Berlin.

ren – wie bei Frau F. – auch eine Nische im Volkssport finden lassen. Dann hätten aber andere deren Stellen eingenommen."[146]

Der Sektionsarzt räumt zudem ein, dass „die Vergabe von u. M. von mir ärztlich nicht überwacht wurde". Erkrankungen bei Sportlern wurden abgeklärt, aber „nie in Verbindung mit u. M.". Er selbst hörte allerdings von Nebenwirkungen wie Gynäkomastien bei Ringern und Virilisierung bei Frauen. Deutlich wies er dennoch eine Zuständigkeit in der Vernehmung von sich: „Die Problematik der u. M.-Nebenwirkungen war Höppners Angelegenheit und nicht meine." Zudem negierte er in seiner Aussage die Verantwortung der Mediziner generell: „Als ich Sektionsarzt war, lastete die Verantwortung nicht bei den Ärzten, weil es sich um trainingsmethodische Belange handelte."[147] Diese Sichtweise ist nun die spiegelverkehrte Perspektive der DTSB-Funktionäre und Trainer, die die Verantwortung für Doping-Dosierung und Vergabe ausschließlich bei den „staatlich ausgebildeten Sportärzten" sehen wollten.

Zudem führte der Sektionsarzt zur persönlichen Rechtfertigung an, dass er unter politischem Druck gestanden habe: „Hätte ich da nicht mitgemacht, wäre das für mich beruflicher Selbstmord gewesen." Als er später direkt beim Sportmedizinischen Dienst tätig wurde, „konnte ich erst recht nichts ändern. Ich hätte erhebliche berufliche Nachteile in Kauf nehmen müssen, wenn ich da nicht mitgemacht hätte und war dem Staat quasi ausgeliefert. Das Wort Zivilcourage kenne ich, den Mut zur Umkehr hatte ich nicht." Sein Sohn sei bei der NVA gewesen und seine Frau in einem staatlichen Unternehmen „und meine Tochter ging noch zur Schule. Meine Familie hätte mit erheblichen Schwierigkeiten rechnen müssen, wenn ich im Gesamtgefüge u. M. nicht mitgemacht hätte."[148]

Auch ein ehemaliger Verbandsarzt in der Leichtathletik erklärte fatalistisch, er habe gedacht, „wenn ich das nicht mache, dann machen es andere." Die Sportmedizin, und hier klingt Bedauern durch, sei nicht in der Position gewesen, dass sie von sportlichen Leistungen „in dem Maß profitierte, wie z. B. Trainer oder Sportler. Trainer und Sportler haben Häuser und Prämien in erheblicher Höhe bekommen. Wir waren schlichtweg Erfüllungsgehilfen."[149] Die Selbstbeschreibung als „Erfüllungsgehilfe" zielte hier offenbar ebenfalls darauf, die eigenen Einflussmöglichkeiten als minimal darzustellen – offenbart jedoch auch zugleich eine Sicht des eigenen Berufsstandes, die nicht

146 ZERV 222, 14.5.1998, Vernehmung eines Beschuldigten, in: Archiv Generalstaatsanwaltschaft Westhafen/Berlin.

147 ZERV 222, Vernehmung, 22./23.6.1998, Sektionsarzt, in: Archiv Generalstaatsanwaltschaft Westhafen/Berlin.

148 ZERV 222, Vernehmung, 22./23.6.1998, Sektionsarzt, in: Archiv Generalstaatsanwaltschaft Westhafen/Berlin.

149 Staatsanwaltschaft II bei dem Landgericht Berlin, Vernehmungsprotokoll, 21.7.1999, in: Archiv Generalstaatsanwaltschaft Westhafen/Berlin.

mit der Ethik des Arztes, der ausschließlich dem Wohl des Patienten verpflichtet sein soll, zu vereinbaren ist.

Doch gab es immer wieder auch Ärzte, die sich wehrten: So nutzte eine Bezirkssportärztin aus Halle eine Dienstbesprechung bei einer Schulung in Blossin, um „sich gegen die Verabreichungspraxis" auszusprechen, zumal sie „keine klare Aussage darüber erhielt, wie sie sich bei Nachfragen von Eltern verhalten sollte." Doch eine konstruktive Diskussion war nicht möglich: „Sie wurde von den Verantwortlichen des SMD in die Schranken gewiesen."[150] Zeigte ein Arzt erkennbare Distanz zum System, konnte ihm die Entlassung drohen: So stand an der SHB Halle „ein Gynäkologe unter Vertrag, welcher in Diskussionen die Anwendung von Anabolen bei Frauen und Mädchen ablehnt. Aus Sicherheitsgründen muß hier eine Veränderung herbeigeführt werden, damit über diesen keine Diskussionen nach außen getragen werden", so warnte Höppner im Juni 1975.[151]

Problematisch wurde es allerdings für die Sportführung, sobald sich mehrere Kolleginnen und Kollegen solidarisierten, wie dies im November 1975 in einer Art Meuterei an der SHB Halle der Fall war, als „sich ca. 10 Ärzte weigern, die vorgegebenen Verpflichtungen über die Geheimhaltung der Anwendung unterstützender Mittel zu unterschreiben." Doch konnte deren Sanktionierung Vor- und Nachteile haben, wie Höppner abwog: „Zwangsläufig wäre damit verbunden, diesen Personenkreis aus dem Leistungssport herauszulösen, was jedoch wiederum negative Auswirkungen haben kann, wenn diese dann darüber sprechen."[152] Auch eine Führungsperson der Sportmedizin wollte nach eigenem Bekunden Ende der 1980er-Jahre aussteigen. Es hatte Streit gegeben, denn: Als „unsere Sprinter 1988 bei Olympia in Seoul von der Amerikanerin Griffith geschlagen wurden, warf man mir vor, daß ich nicht genug getan hätte. Vor allem von Trainerseite trat man an mich heran, Wachstumshormone einzusetzen. (...) Ich war damals fertig und innerlich zerrissen. Ich ahnte, daß nach der Anwendung von Anabolika nun der Einsatz von Wachstumshormonen anstehen würde und der Druck auf die Sportärzte zunehmen würde." Doch blieb er schließlich. „Mir war dabei auch klar, daß ich – wenn ich gegen den Willen von Ewald ausscheiden sollte – berufliche Probleme auf Grund seines Einflusses haben könnte."[153]

---

150 ZERV 222, Vernehmung, 22./23.6.1998, Sektionsarzt, in: Archiv Generalstaatsanwaltschaft Westhafen/Berlin.
151 Treffbericht, 6.6.1975, in: BArch, MfS, ZA, A 637/79, zugleich: Landesarchiv Berlin, D Rep. 120-02, Nr. 342.
152 Treffbericht, 8.11.1975, in: BArch, MfS, ZA, A 637/79, zugleich: Landesarchiv Berlin, D Rep. 120-02, Nr. 342.
153 Vernehmung, 21.5.1996, in: Archiv Generalstaatsanwaltschaft Westhafen/Berlin.

Mitwisser außerhalb des Sportsystems

Ein wichtiges Problem, das zur beständigen Erweiterung des Kreises der „Mitwisser" des Dopingsystems führte, waren die Schäden, die Sportler und Sportlerinnen aufgrund der Dopingvergabe davontrugen. Denn hiervon erhielten auch Ärzte außerhalb des Sportmedizinischen Dienstes Kenntnis, die sich um die Folgen der Nebenwirkungen kümmerten.

So hielt der Ost-Berliner Chirurg Kurt Franke, Chefarzt der Chirurgischen Klinik im Städtischen Krankenhaus Pankow, alarmierende Befunde fest, die er am Rande des 10. Kongresses der Gesellschaft für Chirurgie der DDR vom 31. März bis 4. April 1975 im Rahmen eines informellen fachlichen Austauschs über die „Problematik des Verabfolgens von anabolen Steroiden an Kinder und Jugendliche im Leistungstraining" nach „Rücksprache mit einer Reihen von Ärzten" erhalten hatte: „Die Erfahrung zeigt, daß junge Mädchen in ihrem Erscheinungstyp vermännlichen und daß diese Erscheinungen sich nicht zurückbilden, auch wenn man das Präparat absetzt. Das hat, das kann erhebliche Folgen für die spätere psychische Entwicklung und auch für die soziale Problematik hinsichtlich der Ehe haben". Sehr deutlich äußerte er sich auch hinsichtlich der ethischen Bewertung: „Über die ethische Seite der Steroidgaben zur Leistungssteigerung im sozialistischen Staat ließe sich feststellen, daß Menschen wegen eines kurzfristigen Leistungszieles oder Leistungsauftrages in ihrer körperlichen Konstitution und irreversibel verändert werden, was zu Rückwirkungen auf ihr soziales Gefüge in späteren Jahren führen kann. Faktisch werden die Eltern der Kinder und auch die älteren Jugendlichen selbst vor Gabe der Anabolika nicht über deren Folgen und die Auswirkungen auf ihr späteres Leben informiert. Das alles läßt sich sicherlich nicht mit dem beabsichtigten Zweck eines sportlichen Erfolges, der dem Ansehen unserer Republik nützlich ist, allein motivieren und verantworten. Letztendlich widerspricht der gegenwärtig geübte Modus der Anwendung von anabolen Steroiden im Leistungssport dem erklärten Ziel unserer Gesellschaftsordnung, alles für das Wohl und den Nutzen des Menschen zu tun."[154]

War Franke aufgrund der regelmäßigen Behandlung von Sportkadern ohnehin vergleichsweise eng mit dem Sportsystem verwoben, so erhielten Ärzte und Ärztinnen in zahlreichen anderen Einrichtungen zumeist dann Kenntnis von den Vorgängen im Leistungssport, wenn sie mit den Nebenwirkungen der Steroidvergabe konfrontiert waren.

Zu einem besonders kompromittierenden Fall von „wildem Doping" kam es 1975, da hier ein Arzt an der Charité hellhörig wurde und sich beschwerte. Ein Trainer des SC Grünau hatte „unberechtigterweise Anabolika von Sportlern der Leistungsstufe

154 Treffbericht vom 18.7.1975, in: BArch, MfS, AIM 16572/89.

III während deren Krankheit abgezweigt und diese an Sportler der Leistungsstufe II (KJS Schüler) verabreicht. Eine KJS-Schülerin, welche in Behandlung bei Prof. Dr. G. von der Charité ist, fiel dort auf, da sie im letzten Jahr nicht mehr gewachsen ist, Stimmveränderung hatte und bei ihr die Regel ausgeblieben war. Daraufhin befragte Dr. G. diese KJS-Schülerin und diese gab zu, daß ihr Trainer ihr Tabletten verabreicht hat. G. setzte sich daraufhin sofort mit der Leitung des SMD in Verbindung und es wurden Voraussetzungen getroffen, daß darüber keine weiteren Personen Kenntnis erhalten."[155] Prof. G. hatte sich auch bei Kurt Franke über diesen Fall beschwert.

Auch das Oskar-Ziethen-Krankenhaus in Ost-Berlin war in mehrere Vorfälle involviert. So hatte der Chefarzt Dr. P., ein Pathologe im Oskar-Ziethen-Krankenhaus, in den 1970er-Jahren über dort behandelte „Leberschäden bei Schwerathleten nach der Einnahme von anabolen Steroiden" an Franke berichtet.[156] Auch in eine Sonderform des irregulären Dopings, nämlich nichtgenehmigte Forschungen zu Blutdoping, war die Klinik verwickelt: Denn bereits 1973 wurden in Halle „Forschungen und Tests an Leistungssportlern" ruchbar, die „nicht genehmigt waren" und „ohne Wissen" der Leitung des SMD erfolgten. Es handelte „sich hierbei um eine unerlaubte Methode zur Leistungssteigerung, welche in Kooperation mit dem Oskar-Ziethen-Krankenhaus angewandt wurde und somit über den internen Rahmen der Sportmedizin hinausging." Schließlich brach die Bezirkssportärztin Dr. O. ihr Schweigen und berichtete, sie sei vom SC Halle und dem Clubleiter „dazu regelrecht erpreßt worden, damit weitere Aktive mit zu den Olympischen Spielen fahren" konnten. Man habe ihr ausdrücklich untersagt, mit Höppner darüber zu sprechen. Im Februar forderte die Sportführung, „gegenüber den Verantwortlichen disziplinarische Maßnahmen zu ergreifen, um gleichzeitig einen Präzedenzfall zu schaffen zur Gewährleistung einer höheren Sicherheit."[157]

Dieser Fall zeigt, dass sportmedizinische Forschungsvorhaben von Kliniken außerhalb des Leistungssportsystems mitbetreut wurden und der Kreis der Mitwisser über die Sportmedizin deutlich hinausging. Pikant war an dem Vorfall, dass hieran der bald darauf in den Westen geflüchtete Dr. Alois Mader beteiligt gewesen war, der auch „an sich selbst Bluttransfusionen durchgeführt" hatte.[158] Nachdem Mader in die Bundesrepublik gewechselt war, resümierten der SMD und die Stasi wie immer in solchen Fällen dessen Kenntnisstand über Doping und damit das Risiko, dass Geheimwissen

155 Treffbericht, 21.4.1975, in: BArch, MfS, ZA, A 637/79, zugleich: Landesarchiv Berlin, D Rep. 120-02, Nr. 342.

156 Treffbericht vom 18.7.1975, in: BArch, MfS, AIM 16572/89.

157 Treffbericht, 12.1.1973, in: BArch, MfS, ZA, A 637/79, zugleich: Landesarchiv Berlin, D Rep. 120-02, Nr. 343.

158 Treffbericht, 27.3.1973, in: BArch, MfS, ZA, A 637/79, zugleich: Landesarchiv Berlin, D Rep. 120-02, Nr. 343.

zum politischen Gegner getragen wurde. „Illegale Versuche auf dem Gebiet der hematogenen Oxydationstherapie (Zufuhr von zusätzlichen Sauerstoffmängen (sic!))" firmierte hier als eigener Punkt. Demnach hatte Mader schon vor den Spielen 1972 „an verschiedenen Sportlern des SC Chemie Halle Versuche zur Steigerung der Sauerstoffaufnahme mit dem Ziel der Aktivierung des Blutkreislaufes und Erreichung einer erheblichen Leistungssteigerung" durchgeführt, ohne dies mit dem SMD abzustimmen. Auch er rechtfertigte sich gegenüber dem Sportmedizinischen Dienst ebenso wie die Bezirkssportärztin O. damit, dass die Funktionäre des SC Halle ihn dazu „veranlaßt" hätten, um zusätzliche Olympia-Teilnehmer zu generieren. Die Versuche wurden sofort unterbunden.[159]

Eine traditionell enge Zusammenarbeit herrschte ohnehin zwischen SMD und Charité. Hier brachte sich ein Mitarbeiter sogar proaktiv ein, um Anregungen für das Dopingsystem zu geben: So war vereinbart, „daß über das Problem der Anwendung unterstützender Mittel" von einem Mediziner an der SHB Berlin im Zusammenwirken mit einem Professor der Charité, Prof. D., eine Diplomarbeit geschrieben werden sollte. Als der Nachwuchswissenschaftler dann jedoch auch noch seine Doktorarbeit dazu verfassen wollte, bat Höppner um „Überprüfung der Person", da dieser sich „ziemlich auffällig für die genannte Problematik interessiert."[160] Kooperation mit Externen, das war Höppner klar, barg immer die zusätzliche Gefahr einer Entdeckung der klandestinen Doping-Praxis.

Eine pharmakologische Assistentin an der Akademie der Wissenschaften in Berlin-Buch, die im Bereich Endokrinologie arbeitete, gab bei ihrer Vernehmung in den 1990er-Jahren an, dass auch ihr aus ihrer klinischen Praxis „seit mindestens 20 Jahren" Dopingfälle bekannt gewesen seien. „Es war ja doch in der DDR eine ganze Menge bekannt, einfach weil die Sportler, die ausgesondert wurden, aus Krankheitsgründen oder auch, weil sie unzuverlässig waren, weil sie Westverwandte hatten, da wurde also ganz brutal gekippt. Die hatten an und für sich schlechtere Chancen, wieder in ein Berufsleben zurückzufinden und die krank waren, wurden auch nicht weiter beachtet, dann hatten sie sozusagen Pech gehabt. Und es wurde gesagt, die Lebererkrankung ist z. B. eine Folge einer Hepatitis. Hepatitis ist eine Seuche."

Mit schweren Nebenwirkungen des Dopings wurden Sportlerinnen und Sportler dann in klinische Einrichtungen außerhalb des Sports eingeliefert: „Wenn sie im Krankenhaus behandelt werden mußten, kamen sie ja nicht in eine Sportklinik. Die hat es

159 Information. Kenntnisse des republikflüchtigen MADER, Alois über interne Probleme des DDR-Leistungssports. MfS, HA XX, 25.3.1973, in: BArch, MfS, ZA, A 637/79, zugleich: Landesarchiv Berlin, D Rep. 120-02, Nr. 342.

160 Treffbericht, 21.4.1975, in: BArch, MfS, ZA, A 637/79, zugleich: Landesarchiv Berlin, D Rep. 120-02, Nr. 342.

nicht gegeben, sondern wenn sie leberkrank waren, kamen sie in eine renommierte innere Klinik (...)". So habe eine Ärztin der Robert-Rössle-Klinik in Berlin-Buch „mir das nur so nebenher wie eine Selbstverständlichkeit erzählt, dass junge Mädchen nach androgenen Behandlungen wegen einer Lebererkrankung in der inneren Klinik waren."[161] Im Dezember 1983 führte Manfred Höppner zudem ein vertrauliches Gespräch zu Gesundheitsschäden mit Professor T., Direktor für Krebsforschung an der Robert-Rössle-Klinik.[162] Dieser „verhielt sich sehr aufgeschlossen für die angesprochene Problematik und versprach äußerste Diskretion". Denn bereits zwei Gewichtheber mussten durch „überhöhte Anwendung von u. M." an der Brust operiert worden, die wesentlich an Umfang zugenommen hatte. Für zehn weitere Gewichtheber war eine Behandlung bzw. Operation bereits avisiert. Die Dopingpraxis hatte mithin ein solches Ausmaß angenommen, dass nicht Einzelfälle, sondern ganze Gruppen von weiblichen und männlichen, minderjährigen Athleten und Athletinnen medizinische Hilfe benötigten, um die Nebenwirkungen zu bekämpfen oder zu kaschieren. Der Standort in Berlin-Buch, nahe dem Areal des abgeschotteten Regierungskrankenhauses mit angeschlossener Stasi-Klinik, war hierbei bewußt gewählt: Sowohl das MfS wie die Leitung des SMD pflegten den Kontakt zum schließlich zuständigen Arzt Prof. M., „der diese Leute operierte. Man konnte sie ja wegen der Vertraulichkeit der ganzen Angelegenheit nicht in einem normalen Krankenhaus behandeln lassen."[163]

Auch einem Oberarzt an der Medizinischen Akademie Dresden fielen mehrfach Begleiterscheinungen von Anabolika auf, wie er in einer Zeugenvernehmung ausführte, die von der ZERV festgehalten wurde. So „befanden sich während seiner Tätigkeit an der Akademie Dresden Mädchen in seiner Behandlung, die ebenfalls Symptome von Verabreichung von männl. Hormonen aufwiesen und Schädigungen davontrugen. Teilweise seien diese Frauen auch heute noch bei ihm in Behandlung. So berichtete er von einer Frau, deren Haut geschädigt sei. Ihre damals 12-jährige Tochter sei an einem Krebs gestorben, was die Mutter auf die Verabreichung von Hormonen zurückführt."[164] Im Jahr 1981 hatte der Sportmedizinische Dienst eine 16-jährige eingewiesen, eine Olympiasiegerin mit Spuren von „Eigenblutinjektion" und einer Eierstockentzündung. Er warnte die Eltern, auch da ihm weitere deutliche Nebenwirkungen auffielen, dass bei einer Fortsetzung der Leistungssportkarriere nicht garantiert werden könne, „daß der weibliche Organismus voll funktionsfähig bleibt und auch

---

161 ZERV 222, Vermerk, 18.11.1993, Vernehmung, in: Archiv Generalstaatsanwaltschaft Westhafen/Berlin.
162 Treffbericht, 29.12.1983. Anlage zum Treffbericht IMB „Technik" vom 28.12.1983, in: BArch, MfS, ZA, A 637/79, zugleich: Landesarchiv Berlin, D Rep. 120-02, Nr. 340.
163 Staatsanwaltschaft II bei dem Landgericht Berlin, 22.5.1996, in: Archiv Generalstaatsanwaltschaft Westhafen/Berlin.
164 ZERV 222, Vermerk, 5.10.1995, in: Archiv Generalstaatsanwaltschaft Westhafen/Berlin.

später das Problem einer Schwangerschaft, Kinder zu gebären unangetastet bleibt". Auch bestehe die Gefahr von Hormon produzierten Tumoren. Es sei offenbar eine „sehr hoch dosierte, langzeitige Behandlung" erfolgt, da derart starke „sekundäre Nebenerscheinungen" aufgetreten seien. Auch er sah keine Indikation dafür, einem jungen Mädchen Oral-Turinabol zu verordnen, zudem, so betonte er, seien Trainer keine fachkompetenten Personen zur Verabreichung von Medikamenten. Aus seiner Praxis zu DDR-Zeiten war ihm noch „eine Vielzahl von Patientinnen" bekannt, die im Leistungssport „in irgendeiner Weise mit Hormonen behandelt wurden."[165]

Nebenwirkungen

In den vorangegangenen Abschnitten sind bereits mehrfach die Nebenwirkungen der Dopingmittel angesprochen worden. Das Risiko massiver Nebenwirkungen war auch den beteiligten Funktionären bewusst, wie ein hochrangiger DTSB-Funktionär in der Vernehmung betonte: „In den ersten Jahren war die Anwendung von u. M. sicherlich zum Teil ein Frevel. Im Gewichtheben wurde, wie hier schon gesagt, ‚händeweise' mit u. M. gearbeitet."[166] Ein Arzt der SHB Berlin gab zu Protokoll: „Rückblickend muß ich sagen, daß ich zunehmend zu denjenigen gehörte, die bei der Verabreichung ‚Bauchschmerzen' hatten. Man sagte den Sportlern nicht die Wahrheit und es sickerte immer mehr über Nebenwirkungen durch, so daß auch ich das ganze immer kritischer besah."[167] Testosteron-Depot-Spritzen, die eine Zeit lang Anwendung fanden, galten als besonders problematisch, denn sie hatten zwar einen hohen leistungssteigernden Effekt, waren aber erheblich länger als Oral-Turinabol, bis zu 90 Tage, nachweisbar, und auch die Nebenwirkungen waren, wie ein Leichtathletik-Verbandsarzt angab, „erheblich gravierender", denn mit Testosteron-Depot machte man „die ganzen Regelkreisläufe kaputt."[168] Und ein Club-Arzt aus Jena beteuerte, dass er eine Sportlerin „mit Sicherheit darauf hingewiesen habe, dass sie sich mit Oralturinabol krank macht. Ob ich so etwas bei den anderen Sportlerinnen getan habe, weiß ich nicht mehr. Ich habe mich mit Herrn. Dr. R. öfters über dieses Problem unterhalten.

---

165 ZERV 222, Abschrift vom Tonträger, Zeugenvernehmung, 4.10.1995, in: Archiv Generalstaatsanwaltschaft Westhafen/Berlin.
166 Staatsanwaltschaft II bei dem Landgericht Berlin, Protokoll einer Beschuldigtenvernehmung, 26.4.1999, in: Archiv Generalstaatsanwaltschaft Westhafen/Berlin.
167 ZERV 222, Vernehmungsprotokoll eines Angehörigen der SHB Berlin, 14.5.1998, in: Archiv Generalstaatsanwaltschaft Westhafen/Berlin.
168 Staatsanwaltschaft II bei dem Landgericht Berlin, Vernehmungsprotokoll, 21.7.1999, in: Archiv Generalstaatsanwaltschaft Westhafen/Berlin.

Wir waren uns einig, dass Oralturinabol zu gesundheitlichen Schäden führen kann und wir waren der Ansicht, dass das eigentlich nicht weiter verantwortet werden kann."[169]

Selbst der leitende Sportmediziner Manfred Höppner warnte Anfang der 1980er-Jahre, dass bei den Schwimmerinnen die „gegenwärtige Methode im Interesse der Sportler nicht weiter zu verantworten" sei. Es werde „notwendig, im kommenden Olympiazyklus nach neuen Mitteln und neuen Wegen zu suchen, die nicht derartige verheerende Auswirkungen nach sich ziehen. Weiterhin wäre es notwendig, daß ein bestimmter Teil, speziell der weiblichen Athleten für die Dauer von mindestens zwei Jahren von der Einnahme von Anabolika ausgeschlossen wird, damit sich die inneren Organe erst einmal wieder normalisieren und stabilisieren. Dies würde jedoch bedeuten, daß bei einigen folgenden internationalen Wettkämpfen, einschließlich EM und WM, auf einige Medaillen verzichtet werden müßte."[170]

Auch in den Vernehmungen der 1990er-Jahre stellte die Kenntnis um Nebenwirkungen einen neuralgischen Punkt der Befragungen dar. Im Nachhinein räumte ein leitender DTSB-Funktionär ein: „Wenn wir nun zum Thema Nebenwirkungen kommen, so ist das der Punkt, den ich sehr kritisch sehe. Die Informationen über die möglichen Nebenwirkungen bekam ich einerseits im Rahmen der Gespräche im kleinen Kreis bei Ewald zum Thema u. M. Dort wurde natürlich über besondere Vorfälle gesprochen. Außerdem macht sich ein Trainer, der ich ja war, sicher mehr Gedanken. Als Trainer hat man sich eben auch selbst mit der Problematik vertraut gemacht. An typischen Nebenwirkungen von Anabolika waren mir die Stimmveränderungen, verstärkte Behaarung, ganz generell Vermännlichungserscheinungen bekannt. Mir war auch bekannt, dass es zu Leberschädigungen kommen konnte. (...) Ich habe schon befürchtet, dass es insbesondere bei jüngeren Sportlerinnen auch zu gravierenden Nebenwirkungen kommen konnte, aber ich habe die Verantwortung hierfür weggeschoben. Zu meiner eigenen Entlastung sagte ich mir, dass andere dafür zuständig seien, und da ich damals mit Arbeit sehr belastet war, flüchtete ich mich auch in die Überbeschäftigung und konnte mir sagen, dass ich keine Zeit dafür hatte, mich um das Problem der Nebenwirkungen zu kümmern. Heute mache ich mir deswegen große Vorwürfe."[171]

Ein ehemaliger Arzt bei der SHB Berlin berichtete: „Über Nebenwirkungen wurde wenig, und wenn dann verharmlosend erzählt. Auftretende Fälle wurden als Einzelfälle abgetan. Dies gilt jedenfalls für die Dienstbesprechungen, die der Dr. Höppner mit den

169 Staatsanwaltschaft Erfurt, Beschuldigtenvernehmung, 23.9.1999, in: Archiv Generalstaatsanwaltschaft Westhafen/Berlin.

170 Treffbericht, 5.8.1976, in: BArch, MfS, ZA, A 637/79, zugleich: Landesarchiv Berlin, D Rep. 120-02, Nr. 342.

171 Staatsanwaltschaft II bei dem Landgericht Berlin, Protokoll einer Beschuldigtenvernehmung, 22.4.1999, in: Archiv Generalstaatsanwaltschaft Westhafen/Berlin.

Chefärzten und stellv. Chefärzten abhielt und meines Wissens auch soweit die Sektionsärzte von den Verbandsärzten informiert wurden. Soweit auch die Vertreter des FKS (...) in den Ärztekommissionen auftraten, wurde vornehmlich über die leistungsmäßigen Auswirkungen und im Grunde gar nicht über schädliche Nebenwirkungen gesprochen."[172]

Vertuschung, Drohung, Täuschung

Während die Sportführung das Problem verdrängte, kämpften die Aktiven mit den Anzeichen der gesundheitlichen Schädigungen und körperlichen Veränderungen. Derartig allein und im Unklaren gelassen, erlebten besonders junge Sportlerinnen die massiven Nebenwirkungen, wie etwa die Virilisierungserscheinungen, als umso verstörender. Einige suchten deshalb einen Ausweg aus dem Sportsystem: So bemerkte Manfred Höppner während der Spiele in Montreal 1976 bei einer 19-jährigen Sprinterin „daß diese zum Rasieren gezwungen ist, die Oberschenkel an der Innenseite stark behaart sind und die Schamhaare bereits bis in die Nabelgegend reichen." Obgleich sie eigentlich erst im Alter von 18 Jahren Anabolika hätte erhalten sollen, stellte sich heraus, dass sie „durch ihren Trainer seit ihrem 15. Lebensjahr mit derartigen unterstützenden Mitteln versorgt wurde. Anfangs wurde ihr erklärt, daß es sich lediglich um Vitamintabletten handelte, sie jedoch selbst körperliche Veränderungen feststellte und dahinterkam, daß es sich dabei bereits um Anabolika handelte." Deshalb habe sie sich entschlossen, „mit dem Leistungssport nach den Olympischen Sommerspielen aufzuhören, um, wie sie sagte, nicht eines Tages so aussehen zu müssen wie die Dynamosportlerin Y."[173] Daraufhin stellte ihr Klub sie vor die Alternative „entweder sie bleibt weiterhin im Leistungssport oder es wird ihr jegliche Unterstützung, auch in Bezug der Ablegung ihres Abiturs in zwei Jahren versagt."[174]

Eine solche Drohung war kein Einzelfall, auch eine Goldmedaillengewinnerin berichtete der Staatsanwaltschaft, wie sie bedrängt wurde, nachdem sie erfahren hatte, dass ihr Blut einen Überschuss an männlichen Hormonen aufwies und eine Entzündung des Eierstocks nicht abheilte. Aus Angst vor Folgeschäden wollte sie mit dem Sport aufhören. Doch ein hochrangiger DTSB-Funktionär „hat versucht, durch ein persönliches Gespräch meinen Entschluss rückgängig zu machen. Er setzte mich dahingehend unter Druck, indem er äußerte, dass ich mein Abitur und das darauffol-

172 ZERV 222, Vernehmungsprotokoll eines Angehörigen der SHB Berlin, 14.5.1998, in: Archiv Generalstaatsanwaltschaft Westhafen/Berlin.

173 Name durch Autorin anonymisiert.

174 Treffbericht, 5.8.1976, in: BArch, MfS, ZA, A 637/79, zugleich: Landesarchiv Berlin, D Rep. 120-02, Nr. 342.

gende Studium nicht wie geplant durchführen könnte."[175] Solche Drohungen waren ernst zu nehmen, denn Bildung und Sport waren im SED-Staat nicht nur kommunizierende Röhren, sondern im Netz der Kinder- und Jugendsportschulen und über die staatlichen und Parteikanäle aufs engste verzahnt.[176] Sobald die Autorität, die jedem Sportsystem ohnehin inhärent ist, zur Disziplinierung nicht mehr auszureichen schien, griffen im Fall des DDR-Sports weitere Repressionsmechanismen: die Entscheidung der Partei über Ausbildungs- und Berufswege oder auch informell ausgeübter Einfluss durch die Staatssicherheit.[177]

Auch eine weitere Behauptung eines ehemaligen Funktionärs kann widerlegt werden: „Es stimmt nicht, dass Sportler, die es ablehnten, unerlaubte Mittel zu verwenden, ihre Kaderzugehörigkeit verloren hätten."[178] Demgegenüber hielt Höppner 1977 fest: „Auf Grund verstärkter Anfragen von Eltern über Vergabe von Anabolika an ihre Kinder, welche an KJS untergebracht sind, erhielt der IMV den Auftrag, in der kommenden Woche vor den Bezirkssportärzten zu dieser Problematik Stellung zu nehmen. Grundlage der Argumentation wird sein, daß gegenüber den Eltern keinerlei Zugeständnisse über die Vergabe von Anabolika gemacht werden, jedoch diese Verfahrensweise auch nicht generell verneint wird. Ihnen wird erklärt, dass mit der Aufnahme ihrer Kinder an die KJS höchste sportliche Leistungen abverlangt werden und von der medizinischen Seite alles getan wird, den Trainingsprozess zu unterstützen. Dies geschieht unter ärztlicher Verantwortung mit dem Ziel, daß die KJS-Schüler keinerlei Schaden erleiden. Bei Forderungen, von ärztlichen Unterstützungsmaßnahmen Abstand zu nehmen, erfolgt eine Trennung von den Sportlern. In solchen Fällen wird gewährleistet, daß diese an der KJS ihr begonnenes Abitur in jedem Fall zum Abschluß bringen können."[179] Ob letzteres tatsächlich der Fall war, muss aufgrund der widerstreitenden Ansichten in der Sache – während Höppner für den Erhalt der Bildungschancen plädierte, drohten Clubleiter und ein DTSB-Funktionär ungeniert mit deren Kappung bei mangelndem Wohlverhalten – in Frage gestellt werden. Zentral ist jedoch die Aussage, dass KJS-Schülerinnen und -schüler, wollten sie im Leistungssport verbleiben, Anabolika konsumieren mussten – und ansonsten ausdelegiert wurden.

Auf die Frage der Vernehmer, ob Sportler und Sportlerinnen die Einnahme von Doping verweigern konnten, erklärte ein Sektionsarzt, dass er eine diesbezügliche

175 Zeugenaussage, in: LATh-HStA Weimar, Freistaat Thüringen, LKA Thüringen, Nr. 834.
176 Vgl. Wiese, Kaderschmieden.
177 Vgl. die Einzelschicksale in Braun, Thüringer Sportler in der Diktatur; Wiese, Kaderschmieden.
178 Köhler, Zwei Seiten, S. 196.
179 Treffbericht, 25.7.1977, in: BArch, MfS, ZA, A 637/79, zugleich: Landesarchiv Berlin, D Rep. 120-02, Nr. 342. Mit IMV ist Höppner selbst gemeint, der von seinem Führungsoffizier in den Berichten in der dritten Person wiedergegeben wird.

Anweisung zwar nicht gesehen habe. „Es wurde aber sicherlich Druck auf den Sportler ausgeübt, in der Art, dass er aus dem Kader fliegt, wenn er die Mittel nicht einnehmen wolle. Das schließe ich aus meiner Erfahrung im DDR-Sport."[180] Einer minderjährigen Spitzenschwimmerin wurde von ihrem Trainer offen gedroht, „entweder du lässt dich spritzen oder du hast vier Jahre umsonst trainiert."[181]

Zum Mitmachen gehörte, dass Minderjährige grundsätzlich über die Art der ihnen verabreichten Substanzen getäuscht wurden. So legten „Prinzipien" für den Schwimmsport 1977 fest: „bei Sportlern unter 18 Jahren wird die Legende Verabreichung von Vitaminen angewendet d.h. alles geschieht ohne Wissen der Betreffenden."[182]

Zudem störte der Staatssport gezielt die familiäre Kommunikation, indem den Heranwachsenden verboten wurde, über die Vergabe von Mitteln mit ihren Eltern zu sprechen. So räumte ein DTSB-Funktionär ein: „Aber es war klar, dass Minderjährige nicht umfassend, und so wie es vielleicht erforderlich gewesen wäre, aufgeklärt werden konnten. Außerdem schärfte man den Jugendlichen ein, dass sie keinesfalls mit Dritten über die Medikamente sprechen durften, auch nicht mit ihren Eltern."[183] Auch ein Verbandsarzt bestätigt: „dass die Eltern generell außen vor waren. Es gab auch eine Weisung, dass Eltern nicht aufzuklären waren. Es war uns verboten, den Eltern etwas zu sagen."[184] Ebenso erläuterte ein Arzt der SHB Berlin: „Eine Aufklärung der Sportlerinnen über die verabreichten Mittel und evtl. Nebenwirkungen war in der Konzeption nicht vorgesehen. Eine Aufklärung war sogar lt. schriftlicher Anweisung des SMD nicht gestattet. Wenn Eltern im Einzelfall nachdrücklich Nachfrage hielten, wurde ihnen ausnahmsweise auch gesagt, dass ihr Kind Anabolika erhielt. Eine weitergehende Aufklärung erfolgte nicht. Sie durfte nicht erfolgen, weil die offizielle Version immer die war, dass in der DDR nicht gedopt wurde. Damit wäre die gesamte Geheimhaltung gefährdet gewesen."[185] Ein hochrangiger DTSB-Funktionär betonte die Bedeutung der Geheimhaltung im DDR-Sport: „Die Problematik der Aufklärung der Sportlerinnen über u. M. kollidierte mit dem Geheimnisschutz. Die Sportler durften ja mit den Eltern nicht darüber sprechen, welche Medikamente und welche Präpa-

180 ZERV 222, Vernehmung, 22./23.6.1998, Sektionsarzt, in: Archiv Generalstaatsanwaltschaft Westhafen/Berlin.

181 Zeugenaussage, in: LATh-HStA Weimar, Freistaat Thüringen, LKA Thüringen, Nr. 834.

182 Vgl. Spitzer, Doping in der DDR, S. 282ff.

183 Staatsanwaltschaft II bei dem Landgericht Berlin, Protokoll einer Beschuldigtenvernehmung, 26.4.1999, in: Archiv Generalstaatsanwaltschaft Westhafen/Berlin.

184 Staatsanwaltschaft II bei dem Landgericht Berlin, Vernehmungsprotokoll, 21.7.1999, in: Archiv Generalstaatsanwaltschaft Westhafen/Berlin.

185 ZERV 222, Vernehmungsprotokoll eines Angehörigen der SHB Berlin, 14.5.1998, in: Archiv Generalstaatsanwaltschaft Westhafen/Berlin.

rate sie im Training schluckten. Das war klar, das war auch mir bekannt. Ich habe mich aber dieser Frage auch entzogen."[186]

Manche Sportlerin wandte sich dennoch an die Eltern: „Es muß so 1988 oder auch 1987 gewesen sein, kurz vor dem B-Finalkampf 400 m Lagen trat der D. L. an mich heran und gab mir eine große weiße Tablette, die ich unter der Zunge zergehen lassen sollte. Er machte mich darauf aufmerksam, daß es kein Außenstehender bemerken dürfe. Das war auch das erste Mal, daß ich stutzig wurde. (...) Meine Mutter arbeitete in einer Apotheke, und ich hatte an Samstagen, wenn wir trainierten, immer Gelegenheit, Tabletten mitzunehmen." Doch waren es Pillen, „die meine Mutter nicht kannte".[187] Nicht nur Athleten und Athletinnen, auch ihre Eltern wurden eingeschüchtert: „Meiner Mutter wurde angedroht, dass wenn sie sich weiter um Aufklärung bemüht, ihre Tochter ausdelegiert werde. Die oben beschriebenen Tabletten – insbesondere die blaue und die eierfarbig-gelbe – bekam ich erstmals im Alter von 13, spätesten mit 14 Jahren."[188]

Doch nicht nur Minderjährige und ihre Eltern wurden im Unklaren gelassen. Auch erwachsene Sportler erfuhren mitunter nicht, was sie erhielten – oder dass sie überhaupt gedopt wurden. Bei der Frage, ob sich das Doping der DDR als „Zwangsdoping" qualifizieren lässt, stellt die Reaktion auf explizite Weigerungen von Sportlern und Sportlerinnen ein entscheidendes Kriterium dar.[189] Als Anfang der 1980er-Jahre Ruderinnen und Skilangläuferinnen immer häufiger Doping ablehnten, wurden im Sportmedizinischen Dienst Pläne geschmiedet, „den Athletinnen diese Mittel ohne deren Wissen zuzuführen, beispielsweise in Getränken oder durch Mischung mit Vitaminspritzen". Das hatte zur Folge, dass die Bezirkssportärztin von Halle dem Sportmediziner Manfred Höppner daraufhin „provokatorisch die Frage stellte, ob er seine Tätigkeit noch mit seinem Gewissen als Arzt vereinbaren könne".[190] Ein DTSB-Funktionär gab in seiner Aussage zu Protokoll: „Ich weiß vom Hörensagen bei Gesprächen im SMD, nämlich von Frau S., dass es eine Sportart gab, bei der generell bekannt war, dass nicht gesagt wurde, was den Sportlern gegeben wurde. Es handelt sich hierbei um den DSLV, also den Deutschen Skilauf Verband. Der dortige Verbandsarzt Dr. K.

186 Staatsanwaltschaft II bei dem Landgericht Berlin, Protokoll einer Beschuldigtenvernehmung, 22.4.1999, in: Archiv Generalstaatsanwaltschaft Westhafen/Berlin.

187 ZERV 222, Einverständniserklärung, 1.10.1997, in: Archiv Generalstaatsanwaltschaft Westhafen/Berlin.

188 ZERV 222, Vernehmung eines Zeugen, 24.5.1996, in: Landesarchiv Berlin, ZERV 222, D Rep. 120-02, Nr. 305.

189 Vgl. hierzu auch Beispiele bei Spitzer, Doping in der DDR, S. 353 ff.

190 MfS, Treffbericht, 3.2.1982, Anlage zum Treffbericht IMB „Technik" vom 29.1.1982 in: BArch, MfS, ZA, A 637/79, zugleich: Landesarchiv, D Rep. 120-02, Nr. 340.

bezog junge Kader in die Konzeptionen ein, ohne ihnen etwas über die ihnen verabreichten Medikamente zu sagen."[191]

Höppner führte zudem 1981 „eine Beratung mit Verantwortlichen des Rudersportverbandes, da sich weibliche Aktive aus dem Spitzenbereich weigerten U.M. einzunehmen." Obwohl keine Wettkämpfe bevorstanden, hielt Höppner die Einnahme für das Training im Winter unbedingt für „notwendig, um dadurch einen entsprechenden Vorlauf für den Wettkampf-Beginn zu schaffen." Doch die Sportlerinnen wollten dies nicht mit sich geschehen lassen: „Argumentiert wird mit dem unfraulichen Aussehen speziell der sowjetischen und bulgarischen Ruderinnen, wodurch wenig Chancen beständen, jemals die Ehe einzugehen. Die Trainer und Sportmediziner wurden beauftragt, diese bestehenden Vorbehalte abzubauen", jedoch war Höppner vom Erfolg dieses Versuchs „nicht überzeugt".[192] Die Quelle lässt offen, in welcher Weise diese Bedenken „abgebaut" werden sollten. Deutlich wird dennoch, dass die Sportführung auf einer Dopingeinnahme insistierte.

Erkennbar wird hier zudem die Not der Frauen, die – ebenso wie der Sportmediziner Kurt Franke es an anderer Stelle betonte – in der Dopingeinnahme nicht nur ein Risiko für ihre Gesundheit, sondern auch für ihre spätere private Lebensgestaltung, und überhaupt für die Aufrechterhaltung ihrer fraulichen Identität betrachteten. Zudem berichtete ein Trainer, dass, nachdem eine seiner Sportlerinnen 1978 positiv getestet wurde, sich mehrere Sportlerinnen geweigert hätten, die Tabletten oder Spritzen, selbst Vitamine, noch weiter zu sich zu nehmen.[193] Hier liegt der Verdacht nahe, dass den jungen Frauen der Charakter der Präparate zuvor nicht klar gewesen war. Bezeichnend ist auch die Aussage eines Angehörigen der Arbeitsgruppe u. M.: „Ganz allgemein wurde es bei erwachsenen Sportlern gebilligt, wenn sie keine u. M. nehmen wollten, so lange sie die erwartete Leistung erbrachten."[194] Hier erscheint also die Nicht-Einnahme nicht als Normalfall, sondern als „zu billigende" Ausnahme.

Auch im Fußball war man nicht vor unwissentlicher Einnahme sicher: So stellte das Dopingkontrolllabor Kreischa bei einer Ausreisekontrolle des 1. FC Lok Leipzig und des BFC Dynamo zu internationalen Cup-Spielen im Oktober 1983 fest, dass diese zuvor offenbar im Rahmen von Oberliga-Punktspielen gedopt worden waren. Während man bei Lok Leipzig nur „Spuren" von Amphetamin und Metaamphetamin feststellte, „müssen die Spieler des BFC mit einer ziemlich hohen", nach Einschätzung Höppners

191 Staatsanwaltschaft II bei dem Landgericht Berlin, Protokoll einer Beschuldigtenvernehmung, 26.4.1999, in: Archiv Generalstaatsanwaltschaft Westhafen/Berlin.
192 Treffbericht, 11.12.1981, Anlage zum Treffbericht IMB „Technik" vom 8.12.1981, in: BArch, MfS, ZA, A 637/79, zugleich: Landesarchiv Berlin, D Rep. 120-02, Nr. 340.
193 Vernehmung (Trainer), o.D., in: Archiv Generalstaatsanwaltschaft Westhafen/Berlin.
194 Staatsanwaltschaft II bei dem Landgericht Berlin, Protokoll einer Beschuldigtenvernehmung, 26.4.1999, in: Archiv Generalstaatsanwaltschaft Westhafen/Berlin.

„nicht zu verantwortenden Dosis versorgt worden sein." Der Stoff wirke „anregend auf das zentrale Nervensystem und schiebt Ermüdungsgrenzen hinaus. Es werden die letzten Leistungsreserven im menschlichen Körper mobilisiert", so dass es auch „zu unkontrollierten Unbeherrschtheiten führen" kann. Auch hier wusste Höppner um die Methode der unwissentlichen Vergabe. „Es ist nicht unbedingt erforderlich, daß die einzelnen Sportler konkret über diese verabreichten Mittel Kenntnis haben, da diese teilweise illegal durch die Trainer und Ärzte in Getränken verabreicht werden."[195]

Wie weit reichten aber die Informationsmöglichkeiten der Sportler und Sportlerinnen? Ein FKS-Arzt behauptete, dass seine Schützlinge über die Dopingvergabe im Bilde gewesen seien: „Ich für meinen Bereich kann sagen, dass Sportler, die ich zu diesem Zeitpunkt gesehen habe mit diesen Tabletten, alle informiert gewesen sind und dass sich auch keiner gezwungen gefühlt hat, sondern dass sie also aus eigenem Wissen die Sache als gut betrachtet haben und genommen haben." Auf die Frage, ob die Athleten und Athletinnen über die Vor- und Nachteile informiert wurden, erwiderte er allerdings: „Davon können Sie ausgehen. Natürlich hängt es vom Intelligenzgrad eines jeden einzelnen ab, wie weit er die Sachen umgesetzt hat. Das ist nun mal Gang der Dinge, dass einer sich mehr interessiert und der andere weniger. Aber es waren alle eingeweiht." Zwar seien einige Sportler auch „kritisch" gewesen „in Form von Fragen, die natürlich aufgetaucht sind", aber man habe „die Dinge eigentlich schnell zerstreut". Wenn Sportler sehr kritisch gewesen wären, wäre dies allerdings „für uns ein Problemfall gewesen".[196] Was in einem solchen „Problemfall" passierte, wird aus der Vernehmung nicht deutlich. Doch ging es auch hier offenkundig nicht um Aufklärung, sondern um Überredung – und um „Zerstreuen" berechtigter Bedenken.

Es ist bezeichnend, dass Funktionäre während der Doping-Prozesse versuchten, den eigenen Kenntnisstand als möglichst gering darzustellen, um sich nicht dem Vorwurf einer bewussten Gefährdung der Gesundheit anderer aussetzen zu müssen. So gibt einer der wichtigsten DTSB-Funktionäre an, dass der „medizinische Erkenntnisstand zu Wirkungen und Nebenwirkungen der in der DDR eingesetzten Medikamente" insbesondere in den 1970er-Jahren noch „unzureichend" gewesen sei. „Der Zugang zu Fachveröffentlichungen unter den in der DDR real gegebenen Bedingungen war erschwert, wenn nicht unmöglich."[197] Richtig daran ist, dass es in der Tat in der DDR mit ihren politisch vorsortierten Bibliotheksbeständen für betroffene Sportlerinnen

195 Treffbericht, 1.10.1983, in: BArch, MfS, ZA, A 637/79, zugleich: Landesarchiv Berlin, D Rep. 120-02, Nr. 340.
196 ZERV 222, Vernehmung FKS-Arzt, 5.1.1995, in: Archiv Generalstaatsanwaltschaft Westhafen/Berlin.
197 Einlassung, 25.4.1999, in: Archiv Generalstaatsanwaltschaft Westhafen/Berlin.

und Sportler nur sehr limitierte Möglichkeiten gab, sich sachkundig zu machen. So scheiterte selbst ein akademisch gebildeter Athlet daran, sich einschlägig zu informieren, als er in der Bibliothek einer Universitätsstadt nachsehen wollte, welche Wirkung Testosteron hatte, er jedoch keine Literatur darüber finden konnte.[198] Ein anderer Sportler gab die Pillen, die er erhielt, einem befreundeten Medizinstudenten, der diese für ihn analysierte.[199]

Doch verfügten die Verantwortlichen des Sportsystems hier natürlich über andere Informationsmöglichkeiten, das galt insbesondere für die Mediziner selbst. So wies auch ein FKS-Arzt in seiner Vernehmung darauf hin, dass den Doping-Forschern die Gefährlichkeit durchaus bekannt war, so dass er am FKS durchgesetzt habe, dass bei allen infrage kommenden Athleten und Athletinnen ein „Leberspektrum" durchgeführt wurde. Die Nebenwirkungen, so seine Ansicht „waren ja nachzulesen", weil „es überall beschrieben stand, wenn man sie hoch dosiert nimmt oder überdosiert nimmt, dass sie dann zu den schon bekannten Nebenwirkungen führen. Das war also nachzulesen." Auch auf Leberschäden sei in der Fach-Literatur hingewiesen worden, deshalb habe er den Lebertest angeregt.[200]

Die wenigen Warner und Mahner im Sportapparat blieben jedoch regelmäßig ohne Resonanz. Die Absicherung des Dopingsystems durch ein Höchstmaß an Vertraulichkeit sollte das sportethische Image der DDR nach außen bewahren. Zudem konnte anders als in der Bundesrepublik, in der es seit den 1970er-Jahren einen öffentlichen, auch medialen Dopingdiskurs gab, in der DDR nicht öffentlich über Dopingpraktiken sowie Umfang und Zumutbarkeit der Maßnahmen gesprochen werden. Doch trotz aller informatorischer Abschirmung, der Lügen gegenüber den gedopten Kindern, den Verschwiegenheitserklärungen, und aller VS-Stempel auf Doping-Konzeptionen sprach sich die Praxis am Ende doch herum: Schon unmittelbar nach den Olympischen Spielen von Montreal 1976 mehrten sich die Fälle, wie Manfred Höppner festhielt, in denen misstrauisch gewordene „Eltern wegen der Verabreichung von Medikamenten bei den Sportärzten vorsprechen" und „Auskunft haben wollten über die Schädlichkeit anaboler Steroide".[201] Spätestens in den 1980er-Jahren zögerten besorgte Mütter und Väter immer häufiger, ihren Nachwuchs auf die Kinder- und Jugendsportschulen zu entsenden, sodass sich ernsthafte Rekrutierungsprobleme im Spitzensport einstellten. Ein „untergründiger" Dopingdiskurs führte in den 1980er-

198 Vernehmung o.D., in: Archiv Generalstaatsanwaltschaft Westhafen/Berlin.
199 Vgl. das Kapitel zu Frank Hoffmeister in Braun, Thüringer Sportler in der Diktatur.
200 ZERV 222, Vernehmung FKS-Arzt, 5.1.1995, in: Archiv Generalstaatsanwaltschaft Westhafen/Berlin.
201 MfS, Treffbericht, 17.11.1976, in: BArch, MfS, ZA, A 637/79, zugleich: Landesarchiv Berlin, D Rep. 120-02, Nr. 342.

Jahren demnach dazu, dass „in besonders dopingverdächtigen Sportarten zunehmend Plätze in Trainingszentren und KJS unbesetzt blieben".[202]

Organisierte Lüge: Ausreise- und Dopingkontrollen

Der Sportmediziner und langjährige Direktor des Zentralinstituts in Kreischa Stanley Ernst Strauzenberg formulierte rückblickend: „Trotz aller Beschwichtigungsversuche bleibt doch die Tatsache unumstößlich, dass die Sportmediziner der DDR, genauso wie alle anderen weltweit im Doping involvierten Sportärzte daran beteiligt waren, den Sportler bzw. die Sportlerin zum Lügen zu veranlassen; zu einer Lüge, die alle beteiligten Athleten, so gut sie auch im Alltag verdrängt gewesen sein mag, mindestens dann sehr deutlich empfunden haben dürften, als der Olympische Eid gesprochen wurde."[203] Es war ein Lügengebäude, das mit viel Energie von der Sportpolitik und den Sportfunktionären errichtet worden war. Manfred Höppner selbst brachte die Hypokrisie des Systems auf den Punkt: So ergebe sich der „hohe Geheimhaltungsgrad" der Dopingpraxis „in erster Linie aus dem Umstand, daß wir uns damit im Widerspruch zur offiziellen Sportpolitik befinden." Mit der laufenden Doping-Forschung als Staatsplanvorhaben werde „faktisch bestätigt, daß unterstützende Maßnahmen sowie die weitere Suche nach neuen chemischen Mitteln zur künstlichen Leistungssteigerung von staatlicher und parteilicher Seite aus gebilligt werden."[204]

Im Oktober 1977, nach dem Schock des Doping-Falls Slupianek, verfügte Manfred Ewald das System der Ausreisekontrollen am Dopingkontroll-Labor im Zentralinstitut (ZI) Kreischa, die entscheidende Anweisung lautete: „Ab sofort haben sich alle Sportler vor der Ausreise zu international bedeutenden Wettkämpfen Anabolika-Kontrollen zu unterziehen." Und das „Absetzen der Einnahme von Anabolika hat künftig 18 Tage vor Wettkampfbeginn zu erfolgen."[205] Die Ausreisekontrollen dienten hierbei, wie ein hochrangiger DTSB-Funktionär in seinen Vernehmungen unumwunden zugab, dem Zweck, „die vorher erfolgten Anabolikagaben zu verschleiern". Vor „jedem Wettkampf, der im KA stattfand bzw. eigentlich vor jedem Auslandswettkampf, wurden Ausreisekontrollen durchgeführt, damit kein Sportler im Ausland bei einer Doping-

202 Fetzer, Thomas: Die gesellschaftliche Akzeptanz des Leistungssportsystems, in: Teichler, Hans Joachim (Hrsg.): Sport in der DDR. Eigensinn, Konflikte, Trends, Köln 2003, S. 273–357, hier S. 322.

203 Strauzenberg, Stanley Ernest/Gürtler, Hans: Stellungnahme zum Dopingproblem, in: Dies.: Die Sportmedizin der DDR. Ein Zeitzeugenbericht führender Sportmedizinerinnen und Sportmediziner der DDR aus den Jahren 1945 bis 1990, Dresden 2005, S. 226–234, hier S. 231.

204 Treffbericht, 2.1.1979, Anlage zum Treffbericht IMV „Technik" vom 19.12.1978, in: BArch, MfS, ZA, A 637/79, zugleich: Landesarchiv Berlin, D Rep. 120-02, Nr. 340.

205 MfS, HA XX/3, Information, 26.10.1977, in: BArch, MfS, ZA, A 637/79, zugleich: Landesarchiv Berlin, D Rep. 120-02, Nr. 342.

Kontrolle positiv auffallen konnte."[206] Die Sorge vor einem zweiten Skandal führte zu drastischen Maßnahmen: So befahl die Sportführung 1978 etwa den Startverzicht von sechs Athleten in Zürich unter dem Vorwand einer Darmerkrankung. Ein DTSB-Spitzenfunktionär erklärte Manfred Höppner diese Vorsichtsmaßnahme damit, „daß weder er noch Gen. Ewald einen weiteren positiven Fall, der international nachgewiesen wird, überleben würden".[207]

Wie wichtig diese Form der Abdeckung des Dopings wurde, kann an einem internen Versprechen Manfred Ewalds abgelesen werden: Wenn bei den nächsten Olympischen Spielen 1980 „bei den DDR-Sportlern keine positiven Fälle nachgewiesen werden" könnten, sollten „die Mitarbeiter des ZI Kreischa mit hohen staatlichen Auszeichnungen geehrt werden".[208] Doch hatte ein solches Feiern der eigenen Betrugsmethoden auch seine Tücken: So wurden die Auszeichnungen zwar im Jahr 1980 tatsächlich vergeben, doch wollte Manfred Höppner im letzten Moment den Begriff Endokrinologie aus der Pressemitteilung herausnehmen, da er dies für einen zu durchsichtigen Wink hielt, wofür hier Preise verliehen wurden. Obgleich er von Manfred Ewald verlangt hatte, daß „dieser Begriff keines Falls am nächsten Tag in der Zeitung erscheinen dürfe", konnte schließlich nur die Publikation im *Sport-Echo* noch gestoppt werden.[209] Acht Jahre später wunderte sich ohnehin niemand mehr, wie eine Mitarbeiterin bei der Akademie der Wissenschaften gegenüber den Ermittlern in den 1990er-Jahren berichtete: „Und ich kann mich noch erinnern, daß 1988 nach der Olympiade in Seoul/Südkorea, daß Mitarbeiter, hochrangige Mitarbeiter, des Instituts für Körperkultur in Leipzig, das war in der Zeitung nachzulesen, für ihre Verdienste in der Endokrinologie mit dem Nationalpreis geehrt wurden, hochdotiert. Da war uns restlos klar, daß diese Mediziner und Wissenschaftler für Dopingversuche honoriert wurden, denn das Kunststück war, die Sportler so zu dopen, daß sie durch die Kontrollen rutschten, und dazu war ein wissenschaftliches Programm notwendig, und das hat sich ja auch als realistisch herausgestellt."[210]

---

206 KA=Kapitalistisches Ausland. Staatsanwaltschaft II bei dem Landgericht Berlin, Protokoll einer Beschuldigtenvernehmung, 22.4.1999, in: Archiv Generalstaatsanwaltschaft Westhafen/Berlin.

207 Treffbericht, 12.8.1978, Anlage zum Treffbericht IMV „Technik" vom 8.8.1978, in: BArch, MfS, ZA, A 637/79, zugleich: Landesarchiv Berlin, D Rep. 120-02, Nr. 340.

208 Treffbericht, 14.11.1978, Anlage zum Treffbericht IMV „Technik" vom 6.11.1978, in: BArch, MfS, ZA, A 637/79, zugleich: Landesarchiv Berlin, D Rep. 120-02, Nr. 340.

209 Treffbericht 18.11.1980, Anlage zum Treffbericht IMB „Technik" vom 21.10.1980, in: BArch, MfS, ZA, A 637/79, zugleich: Landesarchiv Berlin, D Rep. 120-02, Nr. 340.

210 ZERV 222, Vermerk, Vernehmung, 18.11.1993, in: Archiv Generalstaatsanwaltschaft Westhafen/Berlin.

Zudem blieb dem DDR-Sport schließlich nichts anderes übrig, als das System der Ausreisekontrollen Anfang der 1980er-Jahre, trotz des hiermit verbundenen Risikos, aufzuweichen. Denn seitdem auch der Testosteron-Spiegel in Doping-Kontrollen einbezogen wurde, war es nicht mehr möglich, kurz vor dem Wettkampf noch Testosteron-Spritzen zu setzen. Das Problem war nun, dass Ausreisekontrollen vor dem Abflug nicht mehr sinnvoll waren: Denn die Sportler und Sportlerinnen konnten bei weit entfernten Wettkampforten, und aufgrund der notwendigen Zeit der Akklimatisierung im Gastland, beim Abflug noch nicht „sauber" sein, um die Wirkung beim Wettkampf nicht zu gefährden. „Würde ein vorheriges Absetzen der Anabolika erfolgen, könnten einige Mannschaften ihre gewohnten Leistungen nicht bringen", so Höppner. Die Sportführung müsse deshalb „Vertrauen" in Sportler und Trainer aufbringen, „daß diese von sich aus die festgelegten Absetztermine einhalten". Eine „100%ige Garantie" hierfür gab es jedoch auf Grund bisheriger Erfahrungen aus der Sicht Höppners nicht.[211] Die Bereitschaft zum Risiko nahm mit den Jahren immer weiter zu: Anlässlich eines Weltcups in Australien im August 1985 schlug Höppner vor, ebenfalls auf die Ausreisekontrollen zu verzichten, um die „Vergabe von u. M. fortzuführen und deren Wirksamkeit zu sichern". Ein DTSB-Spitzenfunktionär erwiderte ihm daraufhin „in mündlicher Form", dass Höppner „allein die volle Verantwortung zu tragen habe und bedenken solle, daß wenn irgend etwas passiert, es seinen Kopf kosten könne. Eine schriftliche Bestätigung für seine Konzeption bekomme er nicht."[212]

Zudem gab es, wie ein leitender Sportmediziner in den 1990er-Jahren vor Gericht kundtat, „oft für einzelne Spitzensportler, die Medaillen holen sollten, Sonderflüge." Sie „sollten nicht zusammen mit der Olympiamannschaft ausfliegen, da sie sonst zu früh die u. M. hätten absetzen müssen. Von den Generalsekretären der Sportverbände wurde dann bisweilen der Antrag gestellt, einen Sonderflug für diese einzelnen Sportler zu organisieren." Von Funktionären des ZK der SED und des NOK „wurde mir dann bisweilen auf die Schulter geklopft und mitgeteilt, daß man diese Sonderflüge arrangiert habe. Es mußte ihnen also bekannt sein, warum man diese einzelnen Leute später zu den Wettkämpfen flog. Gerade auch angesichts des Devisenmangels."[213]

---

211 Treffbericht, 26.4.1983, Anlage zum Treffbericht IMB „Technik" vom 22.4.1983, in: BArch, MfS, ZA, A 637/79, zugleich: Landesarchiv Berlin, D Rep. 120-02, Nr. 340.

212 Treffbericht, 27.8.1985, Anlage zum Treffbericht IMB „Technik" vom 26.8.1985, in: BArch, MfS, ZA, A 637/79, zugleich: Landesarchiv Berlin, D Rep. 120-02, Nr. 340.

213 Staatsanwaltschaft II bei dem Landgericht Berlin, 22.5.1996, in: Archiv Generalstaatsanwaltschaft Westhafen/Berlin.

Ausblick

Ein hochrangiger DTSB-Funktionär erklärte am Ende seiner Vernehmung: „Abschließend möchte ich zu meiner persönlichen Verantwortung im Zusammenhang mit der U.M. Verabreichung sagen, dass ich die gesamte Praxis des Anabolika-Einsatzes im Leistungssport gekannt habe. Ich habe aus der Überzeugung einer politischen Notwendigkeit diese Praxis auch mitgetragen."[214] Zweifellos war das Sportsystem der DDR in besonderer Weise ideologisch dazu angehalten, sich in Frontstellung gegen die westlichen Sportmächte zu bringen. Es war, das ist häufig detailliert beschrieben worden, nicht nur ein sportlicher, sondern auch ein ideologisch geführter Kampf. Doch gilt es auch hier, das Bild zu differenzieren: Denn zwischen der Sowjetunion und der sehr erfolgreichen DDR – 1984 hatte sie bei den Olympischen Winterspielen in Sarajewo erstmals sogar den „großen Bruder" auf den zweiten Platz verwiesen – trat eine zunehmende Vereisung des Verhältnisses ein. Im DTSB diskutierte man im März 1984 den Eindruck eines „gegenwärtigen regelrechten ‚Krieges' zwischen den Sportleitungen der UdSSR und der DDR".[215]

Das bilaterale Verhältnis war umso schwieriger, als der Sowjetsport von seinen Satellitenstaaten auch sportpolitische Treue einforderte, etwa bei Dopingkontrollen: Die Abhängigkeit von der Sowjetunion zeigte sich etwa bei der Hallen-EM der Leichtathletik in Wien im Februar 1979, bei der Manfred Höppner als Beauftragter des Internationalen Verbandes für Dopingkontrollen eingesetzt war. Nachdem ihm ein positiver Fall einer sowjetischen Athletin bekannt geworden war, die über 1500 Meter den zweiten Platz belegt hatte, entschieden er und Manfred Ewald, das in solchen Fällen obligatorische „Negativgutachten" zu erstellen, um „zu verhindern, daß die Westpresse auswertet, daß die kleine DDR der großen Sowjetunion einen internationalen Skandal bereitet hätte".[216] Doch war die DDR auch bereit, sich zu rächen, sollten sich sowjetische Kontrolleure künftig nicht ähnlich fürsorglich verhalten. So kündigte Ewald an, dass er über sowjetische Verfehlungen im Doping „bis zu den Olympischen Spielen 1980 in Moskau Material sammeln will, um die Freunde gegebenenfalls zu zwingen, bei positiven Befunden unter DDR-Athleten ebenfalls Nachsicht zu üben."[217]

---

214 Staatsanwaltschaft II bei dem Landgericht Berlin, Protokoll einer Beschuldigtenvernehmung, 22.4.1999, in: Archiv Generalstaatsanwaltschaft Westhafen/Berlin.

215 Treffbericht, 23.3.1984, in: BArch, MfS, ZA, A 637/79, in: BArch, MfS, ZA, A 637/79, zugleich: Landesarchiv Berlin, D Rep. 120-02, Nr. 340.

216 Treffbericht, 8.3.1979, Anlage zum Treffbericht IMV „Technik" vom 6.3.1979, in: BArch, MfS, ZA, A 637/79, zugleich: Landesarchiv Berlin, D Rep. 120-02, Nr. 340. Vgl. zum Gesamtkomplex der Dopingkontrollen: Jutta Braun: Wettkampf der Systeme. Sport im geteilten Deutschland. Berlin 2024.

217 MfS, Treffbericht, 8.3.1979, in: BArch, MfS, ZA, A 637/79, zugleich: Landesarchiv Berlin, D Rep. 120-02, Nr. 340.

Hinter der Fassade der in zwei Lager geteilten Sportwelt existierten mithin Allianzen und Feindseligkeiten, die nicht ins ideologische Schema passten.

Das gilt auch für das Verhältnis zwischen ost- und bundesdeutschen Sportärzten. Im Rahmen internationaler Ärztekommissionen, auch bei wechselseitigen Visiten trafen sich die Kollegen aus der Bundesrepublik und der DDR, und tauschten hierbei ihren Doping-Kenntnisstand aus.[218] Mehrfach besprachen sich auch ein Ost- und ein West-Berliner Leistungsmediziner, um sich über den Stand der Dopinganwendung diesseits und jenseits der Mauer und die damit verbundenen Gefahren auszutauschen. Der westliche Kollege sei für eine „Verdammung der Anabolika aus dem Trainings- und Sportmedizingeschehen", da die „Wirkung dieser Medikamente in langer Sicht überhaupt noch nicht absehbar" sei, so hielt der Arzt aus der DDR fest. Zudem hoffe der West-Berliner, dass „es zu einer Konvention zwischen West und Ost gegen die Anwendung von Anabolika nach Art der Saltgespräche" komme, wozu Kontrollen während der Trainingsperioden notwendig seien.[219] Zugleich habe er jedoch illusionslos eingeräumt, dass die bundesdeutsche Sportmedizin gegenwärtig eher darauf zuhalte, Anabolika verstärkt anzuwenden. Man sei entschlossen, unbedingt mit den sozialistischen Ländern in dieser Frage gleichzuziehen, um die „bereits ‚weggeschwommenen Felle' wieder zurück zu gewinnen".[220] Die Sportler und Sportlerinnen waren mithin letztes Glied in einem System und einer Kette aus Mitwissern, blockinternen und auch blockübergreifenden Absprachen und Konsultationen, das in seiner Gesamtheit bis heute noch nicht umfassend erhellt ist.

Doping in der DDR, das hat die Auswertung der Gerichtsakten deutlich untermauert, erschöpfte sich nicht in einem Sportbetrug, wie er überall auf der Welt anzutreffen ist. Maßgeblich waren hier die diktatorischen Strukturen, in die alle Beteiligte eingebunden waren. Es ist nicht unerheblich, ob ein junger Sportler oder eine junge Sportlerin in der Diktatur oder in der Demokratie in das Räderwerk des Leistungssportsystems gerät. Denn zwar gab und gibt es weltweit bedenkliche Abhängigkeitsverhältnisse von Athleten und Athletinnen gegenüber Autoritätsfiguren im Sport. Gewalt und Missbrauch, das sind Lehren nicht erst der jüngsten Zeit, begleiten notorisch auf unheilvolle Weise den Leistungsdruck. Doch unterlagen alle Beteiligte im geschlossenen System des DDR-Sports zusätzlich einem politischen Regime, das galt für den Nachwuchs an den Kinder- und Jugendsportschulen ebenso wie für die Olympiamannschaft und ihre Betreuer.

---

218 Vgl. Braun, Wettkampf der Systeme.
219 Tonbandabschrift über Besuch am 23.3. und 30.3.1977, in: BArch, MfS, AIM 16572/89.
220 Treffbericht, 18.1.1977, in: BArch, MfS, AIM 16572/89.

Die Protokolle der Dopingprozesse bieten eine Fülle an sachlichen Informationen über Ereignisse und Strukturen. Die Narrative der Aussagen erzählen zudem jedoch noch eine eigene Geschichte: Denn die Darlegungen der verantwortlichen Beteiligten, selbst wenn man sie als Ausflüchte interpretiert, zeigen doch, wie schwer es Ärzten, Trainern und Funktionären fiel, überhaupt im Nachhinein ihr Handeln zu rechtfertigen: „da ich damals mit Arbeit sehr belastet war, flüchtete ich mich auch in die Überbeschäftigung und konnte mir sagen, dass ich keine Zeit dafür hatte, mich um das Problem der Nebenwirkungen zu kümmern“ (ein Funktionär), „wenn ich das nicht mache, dann machen es andere“ (ein Verbandsarzt), „Das Wort Zivilcourage kenne ich, den Mut zur Umkehr hatte ich nicht (...) Meine Familie hätte mit erheblichen Schwierigkeiten rechnen müssen, wenn ich im Gesamtgefüge u. M. nicht mitgemacht hätte“ (ein Sektionsarzt).

In diesem Gesamtbild wird deutlich, worin eine der größten Gefahren einer Herrschaftsstruktur wie derjenigen in der DDR liegt: nicht allein im autoritären Durchstellen von Weisungen, sondern ebenso in der mangelnden Einhaltung und Überprüfbarkeit von Verfahren,[221] aus deren Befolgung und Berechenbarkeit eine staatliche Handlung, und um solche handelte es sich im Staatssport der DDR, erst ihre Legitimation bezieht. Die internen Regeln, die sich das Sportsystem selbst gegeben hatte, so konnte gezeigt werden, wurden beständig gebrochen: beim Unterlaufen der Altersgrenze von 16 Jahren ebenso wie der „illegalen“ Erweiterung der Dopingvergabe. Mit der versuchten Abschottung der Dopingpraxis gegenüber den Eltern wurde die Willkür des Staatssports gegenüber den Schutzbefohlenen zusätzlich abgeschirmt. Die Anwendung von Anabolika gegenüber Gesunden stellte eine Zweckentfremdung medizinischer Präparate dar, die nicht der Heilung von Krankheit, sondern sportlichem Erfolg mit dem Ziel der politischen Selbstdarstellung dienten. Es ist das Verdienst der juristischen Aufarbeitung der Dopingprozesse der 1990er-Jahre, diese Mechanismen klar offengelegt zu haben.

221 Luhmann, Niklas: Legitimation durch Verfahren, Neuwied 1969.

Kapitel 2: Dopingpraxis an Minderjährigen im DDR-Leistungssportsystem

René Wiese

Am 28. Dezember 2020 hat eine ehemalige Gerätturnerin des SC Empor Rostock einen juristischen Sieg errungen. Ein deutsches Gericht erkannte die körperlichen Schädigungen aufgrund der heimlichen Vergabe von anabolen Steroiden an die damals 12-Jährige an. Das Greifswalder Verwaltungsgericht stellte hierzu fest: „Die Verabreichung von Dopingmitteln an die Klägerin [...] war rechtsstaatswidrig [...] Es liegt ein Willkürfall im Einzelfall vor. Willkürlich handelt ein Staatsorgan, wenn es sich über das Recht hinwegsetzt. [...] Ein Rechtsverstoß lag im Hinblick auf die eigenmächtige Körperverletzung der Klägerin, vermutlich auch hinsichtlich eines Verstoßes gegen das Arzneimittelgesetz der DDR vor."[222] Mithilfe ihrer medizinischen Akte, die vom SC Empor Rostock geführt wurde, konnte sie den Medikamentenmissbrauch nachweisen. Der Klägerin kam der glückliche Umstand zur Hilfe, dass ihre Patientenakte noch auffindbar war und für die juristische Beweisführung zur Verfügung stand. Solcherart Dokumente zu finden ist heute eine Seltenheit. Die verantwortlichen Sportärzte und Trainer, aber auch die staatlichen Auftraggeber der DDR-Dopingpraxis in der „Sportzentrale" (DTSB, ZK der SED, Sportmedizinischer Dienst) haben nach 1989 systematisch Akten und Dokumente mit belastendem Material (Gesundheitsakten, persönliche Aufzeichnungen oder Dopingkonzeptionen) und sogar die Restbestände an Dopingmitteln aus den Archiven und Asservaten des Sportmedizinischen Dienstes und seiner Sportmedizinischen Hauptberatungsstellen in den Bezirken (SHB), den Sportclubs oder der Sportzentrale vernichtet. Die Aufarbeitung der DDR-Dopingpraxis, insbesondere des Minderjährigendopings konnte deshalb fast ausschließlich mithilfe des „Reservearchivs", den Dokumenten aus den Beständen des Ministeriums für Staatssicherheit, historisch rekonstruiert und erklärt werden. Mit dem Zugang zu ersten erschlossenen Aktenbeständen der Doping-Prozesse aus den 1990er-Jahren liegen nun Quellen vor, die den Forschungsstand erweitern, neue Perspektiven aufzeigen und anhand der Einzelfälle ein differenziertes Bild zur DDR-Dopingpraxis liefern können. Die Zusammenführung des Forschungsstandes mit diesen neuen, durch die Auswertung erster Akten der ZERV und Staatsanwalt-

222 Zit. nach: Hennings, Alexa: Aufgeben gab es nicht. Die Geschichte eines Turnermädchens in der DDR, in: Die Landesbeauftragte für Mecklenburg-Vorpommern für die Aufarbeitung der SED-Diktatur (Hrsg.): DDR-Staatsdoping und Sportgeschädigte. Zur Aufarbeitung des DDR-Leistungssportsystems und der gesundheitlichen Folgeschäden, Schwerin 2023, S. 24–34, hier S. 24.

schaft II erlangten Forschungserkenntnissen soll an dieser Stelle mit dem Fokus auf die Dopingpraxis an minderjährigen Sportlern in der DDR vorgestellt werden.

Hierzu kann zur historischen Einordnung, wann die Dopingpraxis im DDR-Leistungssport auch bei Minderjährigen in den Quellen nachweisbar ist, das Phasenmodell von Giselher Spitzer herangezogen werden.[223] Dieses unterschied drei Hauptphasen, die fließend ineinander übergingen, jedoch für eine Orientierung dienlich sind: Eine erste Experimentierphase (ca. ab 1964), eine zentral gelenkte Hochphase (ca. ab 1972) und eine Phase des dezentralen Kontrollverlustes (ab Ende der 1980er-Jahre). Diese Phasen sollen im Hinblick auf ihre Charakteristika nun im Einzelnen vorgestellt werden.

Vom Experiment zum Trend: die Frühphase des Minderjährigendopings in den 1970er-Jahren

Für die Experimentierphase der DDR-Dopingpraxis ab 1964 sind in den Quellen keine Nachweise für Dopingvergabe an Minderjährige belegt. Dies änderte sich jedoch nach den Olympischen Spielen 1972, wonach fortan, aufgrund der Medaillenerfolge von München und Sapporo, Dopingmittel verstärkt im gesamten Trainingsprozess eingesetzt wurden. Im Kontext dieser Entwicklung machten die Spitzen-Trainer bei der Vergabe von Dopingmitteln nicht vor Minderjährigen halt. Für diese frühe Phase ist herauszustellen, dass die Vergabe vornehmlich an minderjährige Spitzenkader im Frauenbereich und in Sportarten mit frühem Hochleistungsalter erfolgte. Der DDR-Schwimmverband (DSSV) und sein Verbandsarzt Lothar Kipke taten sich dabei besonders hervor. 14- bis 15-jährige Schwimmerinnen wurden heimlich mit Oral Turinabol „behandelt", was zu ersten Vertuschungen führte, wie IM „Technik" (SMD-Chefarzt Höppner) 1974 an das MfS berichtete: „In Vorbereitung auf die Europameisterschaften im Schwimmen war augenscheinlich, dass K. in der Anwendung von unterstützenden Mitteln zu weit gegangen ist. Er wurde daraufhin [...] zur Rede gestellt und [es wurde] u. a. die Festlegung getroffen, den Eltern der noch jungen Sportler mitzuteilen, dass ihre Kinder lediglich eine Vitaminbehandlung erhalten."[224]

Öffentliche Aufmerksamkeit erregte das Thema nur wenige Jahre später, als die jungen muskelbepackten Schwimmerinnen die olympische Arena von Montreal 1976 betraten und in fast allen Wettbewerben die Goldmedaillen abräumten. Als westdeut-

223 Vgl. Spitzer, Giselher: Doping in der DDR. Ein historischer Überblick zu einer konspirativen Praxis, Köln 1998, S. 409f. Ergänzt 2005: Vgl. Spitzer, Giselher: Sicherungsvorgang Sport. Das Ministerium für Staatssicherheit und der DDR-Sport, Bonn 2005, S. 143.

224 IMB „Technik", Treffbericht, 16.09.1974 in: BStU, MfS, MfS HA XX, A 637/79, Teil II, Bd. 1, S. 43.

sche Journalisten den damaligen DDR-Trainer Rolf Gläser auf die tiefen Stimmen der weiblichen Schwimmtalente hin ansprachen, antwortete er mit dem legendären Satz „Die sind doch nicht zum Singen hier."[225] Zu dieser mit Goldmedaillen dekorierten Damen-Schwimmnationalmannschaft gehörten die erst 15- bis 17-jährigen Schwimmerinnen Petra Thümer (SC Karl-Marx-Stadt), Andrea Pollack (SC Dynamo Berlin), Birgit Treiber (SC Einheit Dresden) und auch Ulrike Tauber (SC Karl-Marx-Stadt), die nach Aktenlage tatsächlich als Minderjährige in Berührung mit dem Dopingsystem der DDR kamen. In den Dopinglisten war zudem der Name der späteren Olympiasiegerin von 1980 Barbara Krause (SC Dynamo Berlin) zu finden, deren Olympia-Teilnahme 1976 wegen einer falsch kalkulierten Anabolika-Dosis intern verhindert wurde, da man einen Dopingfall während der Spiele fürchtete.[226] Dynamo-Trainer Gläser wurde 1998 wegen Körperverletzung an Minderjährigen in neun Fällen (zwischen 1975 und 1984) angeklagt und zu einer Geldstrafe verurteilt.[227] Zu seinen Schutzbefohlenen gehörte auch die Dynamo-Schwimmerin Christiane Knacke. Knacke, die legal nach einer Heirat mit einem Österreicher 1988 aus der DDR ausreisen durfte, äußerte sich im Juli 1989 im Hamburger Abendblatt zur Erstanwendung von Dopingmitteln im Jahr 1977: „Im sportmedizinischen Institut in Kreischa, in der Nähe von Dresden bekamen wir erstmals Anabolika. [...] Dreimal zwölf Tabletten pro Tag, die Hälfte davon enthielten anabole Substanzen."[228] Die Anabolika wurden durch den Trainer verabreicht. Dabei sei ihr zunächst gesagt worden, dass es sich um Vitamine handelte.

Dass der DSSV und der SC Dynamo im Speziellen schon in dieser Phase außerhalb der Vorgaben der DDR-Dopingzentrale experimentierten, brachten die Strafprozesse zum DDR-Doping ans Licht. Aufputschmittel und Anabolika wurden versuchsweise minderjährigen Sportlerinnen zugeführt. Christiane Knacke war bei ihrem sensationellen 100-Meter-Schmetterling-Weltrekord (erste Frau unter einer Minute!) beim Länderkampf gegen die USA 1977 mit dem Suchtmittel Pervitin („Speed")[229] aufgeputscht, was sogar dem SMD-Chefarzt Manfred Höppner zu weit ging. Die Dopingzentrale ließ auf einen Tipp hin die DDR-Kaderschwimmer des DSSV testen und musste darüber hinaus feststellen, dass die Dynamo-Schwimmerin Andrea Pollack mit and-

---

225 Nicht zum Singen, in: Der Spiegel (1977), Nr. 34, S. 129.

226 Vgl. Wiese, René: Kaderschmieden des „Sportwunderlandes". Die Kinder- und Jugendsportschulen der DDR, Hildesheim 2012, S. 477.

227 Vgl. LG Berlin, Urteil vom 31.08.1998 – Az. (534) 28 Js 39/97 KLs (17/98), S. 3 und 158.

228 Ich war in einem Teufelskreis. Dresdner Schwimmerin gesteht Doping, in: Hamburger Abendblatt, 10.07.1989, S. 15.

229 Bachner, Frank: In der DDR-Dopingpraxis ist eine neue Ebene erreicht: Mit Suchtmitteln zum Weltrekord, in: Der Tagesspiegel, 08.08.1998; https://www.tagesspiegel.de/sport/in-der-ddr-dopingpraxis-ist-eine-neue-ebene-erreicht-mit-suchtmitteln-zum-weltrekord-578059.html, Zugriff: 12.04.2022. Eine andere minderjährige Schwimmerin, die Pervitin erhielt, war damals die 15-jährige Brust-Spezialistin Carola Nitschke.

rogenen Steroiden überdopt war, was zu einer internen Sperre führte.[230] Die Entscheidung, auf Pervitin im Schwimmsport zu setzen, ging auf eine Expertenrunde im November 1976 zurück. Der Sektionsarzt Schwimmen des SC Dynamo Berlin, Dieter Binus, Schwimmverbandsarzt Lothar Kipke sowie der Dopingforscher Winfried Schäker diskutierten mit Dynamo-Trainer Rolf Gläser eine mögliche Vergabe. „Es handelt sich dabei um ein eindeutiges Dopingmittel, und Dr. Schäker schätzte ein, dass bei der Anwendung Schädigungen nicht ausgeschlossen werden können."[231] Trotz medizinischer Bedenken wurde der Pervitin-Plan umgesetzt. Widerspruch gab es allein von Dynamo-Trainer Rolf Gläser. Er war mit der Strategie, dass Pervitin ausnahmslos alle anderen Dopingmittel ersetzen sollte, nicht einverstanden, denn Gläser war sich sicher, „dass die Olympialeistungen ohne Anabolika nicht zu realisieren"[232] wären. Anhand dieses Fallbeispiels lässt sich bereits ableiten, dass das Experimentieren mit Dopingsubstanzen unter Einschluss von minderjährigen Sportlern und Sportlerinnen gegen Ende der 1970er-Jahre in vollem Gange war. Mehrere zentrale und lokale Mitspieler suchten nach Erfolg versprechenden Strategien im DDR-Damenschwimmsport, insbesondere in der DTSB-Zentrale und der SV Dynamo.

Weitere prominente Sportlerinnen, die bereits minderjährig gedopt wurden, waren beispielsweise die 3-fache Olympiasiegerin im Schwimmen von 1980 Rica Reinisch (SC Einheit Dresden), die wegen gynäkologischer Schäden ihre Schwimmkarriere mit 15 Jahren abbrach.[233] Aber auch in anderen Sportarten hatte sich der Doping-Trend einer Verabreichung vor der Volljährigkeit durchgesetzt. Die mehrfache Olympia-Medaillengewinnerin in den leichtathletischen Sprintdisziplinen von 1980 Marlies Göhr (SC Motor Jena) sorgte als 17-jährige bei der Junioren-EM in Athen mit dem ersten internationalen Dopingfall des DDR-Leistungssports im August 1975 für Aufsehen.[234] Auch beim gesamtdeutschen Leichtathletik-Idol Heike Drechsler (SC Motor Jena) ist aus DDR-Zeiten eine Erstanwendung von Dopingmitteln mit 17 Jahren belegt.[235]

230 Vgl. Wiese, Kaderschmieden sowie Bachner, Frank: In der DDR-Dopingpraxis ist eine neue Ebene erreicht: Mit Suchtmitteln zum Weltrekord, in: Der Tagesspiegel, 08.08.1998; https://www.tagesspiegel.de/sport/in-der-ddr-dopingpraxis-ist-eine-neue-ebene-erreicht-mit-suchtmitteln-zum-weltrekord-578059.html, Zugriff: 12.04.2022.

231 Ebd.

232 Ebd.

233 Vgl. Berendonk, Brigitte/Franke, Werner: Hormondoping als Regierungsprogramm. Mit Virilisierung von Mädchen und Frauen zum Erfolg, in: Hartmann, Grit (Hrsg.): Goldkinder. Die DDR im Spiegel ihres Spitzensports, Leipzig 1998, S. 166–187, hier S. 183.

234 Vgl. Purschke, Thomas: Intrigen, Betrug und Stasi-Spitzel. Das Wirken der Stasi bei den Jenaer Leichtathleten, in: Gerbergasse 18 (2001), H. 6, S. 2–4, hier S. 2f.

235 Vgl. Niklas, D./Jeitner, G./Reumuth, V.: Analyse der Wechselbeziehungen von Training, u. M. und Leistungsentwicklung in den leichtathletischen Sprung-/Mehrkampfdisziplinen im Olympiazyklus 1980/84. Unveröffentlichte Studie, FKS Leipzig 1986. Zit. n. Berendonk/Franke, Hormondoping als Regierungsprogramm, hier S. 177, Fußnote 25.

Die „Anschlusskader" im Blick: weitere Beispiele aus dem Schwimmsport und der Leichtathletik in den 1970er-Jahren

Ohne Rücksicht auf das minderjährige Alter der Sportlerinnen gelangten Anabolika gezielt zur Anwendung. Aus dem Experimentierfeld des Dopens mit einzelnen Spitzenathletinnen wurde nach der erfolgreichen Erprobung ein Trend, der auf Betreiben der DDR-Sportfunktionäre weiterentwickelt wurde. Allmählich wurden nicht nur die minderjährigen Spitzenkader (Kaderkreis I) in das Dopingprogramm einbezogen, sondern auch die darunter liegende Ebene des so genannten „Anschlusstrainings", d.h. Sportlerinnen im frühen Hochleistungsalter und späten Juniorinnenalter (Kaderkreise II und III).[236] Diese Heranführung der Anschlusskader an den Spitzenbereich bedeutete, wie IM „Technik", alias Manfred Höppner (SMD), berichtete, dass „uM" (unterstützende Mittel) bereits bei 15-bis 17-jährigen Sportlern nicht nur im Schwimmsport Einsatz finden sollten.[237] Damit wuchs gerade in dieser Phase die Zahl der jugendlichen Sportlerinnen aus den Kinder- und Jugendsportschulen, die mit den Sportclubs eng verwoben waren, im Dopingsystem stetig an. Dem Schwimmverband der DDR konnte bereits während der Berliner Dopingprozesse durch die Publikation von Seppelt/Schück 1999 ein systematisches Minderjährigendoping seit den 1970er-Jahren nachgewiesen werden.[238]

Die Zeugenbefragungen der ZERV ergänzen die MfS-Dokumente in dieser Frage. Im DDR-Schwimmverband wurden gegen Ende der 1970er-Jahre auch die männlichen Junioren (Kaderkreis II) in die Dopingpraxis einbezogen. Ein späterer Schwimmolympiasieger {X} äußerte von der ZERV befragt, dass er 1978 mit 15 Jahren zur Jugend-Europameisterschaft nach Florenz reisen sollte. Am Flughafen Berlin-Schönefeld wurde er jedoch aus der Mannschaft mit der Begründung herausgenommen, dass er erkältet sei. Dies entsprach allerdings nicht den Tatsachen. Das enttäuschte Talent war damals der schnellste Schwimmer auf seiner Strecke und hatte Medaillenchancen.[239] Obwohl sich der Sportler an eine Dopinggabe nicht erinnern konnte, passt die Vorgehensweise zu den Vertuschungsmaßnahmen, die charakteristisch für die nächsten Jahre werden sollten. Jene Sportler, denen noch Rest-Substanzen an Dopingmitteln durch das Doping-Kontroll-Labor in Kreischa nachgewiesen werden konnten, liefen Gefahr, bei einer Wettkampfkontrolle aufzufliegen. Aus diesem Grund war eigens am Zentralinstitut Kreischa ein Dopinglabor eingerichtet, um solcherart positive

236 Vgl. Spitzer, Doping in der DDR, S. 409f.

237 Vgl. IMB „Technik", mehrere Verweise in: BStU, MfS, MfS HA XX, A 637/79, Teil II, Bd. 2, S. 193, Bd. 3, S. 221.

238 Vgl. Seppelt, Hans-Joachim/Schück, Holger: Anklage: Kinderdoping. Das Erbe des DDR-Sports. Berlin 1999, S. 50ff.

239 Vgl. ZERV 222, Abschlussbericht SC Dynamo Berlin, 02.04.1997, in: Landesarchiv Berlin, ZERV 222, D Rep. 120-02, Nr. 319.

Dopingfälle wie beim 15-jährigen Schwimmer bei internationalen Wettkämpfen von vornherein auszuschließen.[240] Die ZERV konnte für das Jahr 1986/87 ermitteln, dass etwa 3 % der vor den Wettkämpfen Getesteten positiv waren.[241] Dem ahnungslosen Schwimmer wurde deshalb 1978 unter einer Legende die Teilnahme am Wettkampf verwehrt. Da das Herausnehmen des Sportlers vor dem Jahreshöhepunkt nicht auf Verschulden des Sportlers zurückging, zeigte sich der Staat großzügig. Der Sportler erhielt als „Entschädigung" eine Schiffsreise auf der Ostsee. Gegenüber der ZERV teilte der Sportler weiter mit, dass er ab dem 16. Lebensjahr wusste, dass im DDR-Schwimmsport mit „unterstützenden Mitteln" gearbeitet wurde. In Gegenwart des Vizepräsidenten des DTSB wurden ihm von seinem Trainer Dopingmittel angeboten. Doch schlug er das Angebot aus.[242] Dies lässt darauf schließen, dass dem damals Minderjährigen die Substanzen heimlich verabreicht wurden, und er deshalb als positiv getestet nicht ausreisen durfte.

Aber auch in anderen Sportverbänden belegen Einzelbeispiele den Doping-Einsatz an minderjährigen Anschlusskadern. Die Doping-Risiken für Kinder und Jugendliche waren den Sportwissenschaftlern und Sportmedizinern durchaus bewusst. Der Leiter des Forschungsinstituts für Körperkultur und Sport (FKS), Hans Schuster, berichtete 1975 als GMS „Hans" seinem MfS-Führungsoffizier: „Problematisch ist ferner die Verabreichung dieser Mittel (Anabolika, d. Verf.) bei sehr jungen Sportlerinnen und Sportlern, bei denen das Wachstum noch nicht abgeschlossen ist."[243] Deshalb wurde mit dem Wunsch der medizinischen Beherrschbarkeit von gesundheitlichen Risiken ein zentrales sportmedizinisches Kontrollsystem installiert. Im Verborgenen sollte das Risiko der Gesundheitsgefährdung durch Doping mit der Intensivierung des schon hoch technologisierten sportmedizinischen Systems abgefangen werden. Der SMD sollte als sportmedizinische Begleitinstanz fungieren. Dass dieser präventive Ansatz jedoch Lücken hatte, zeigte sich schon einige Jahre später. Einem minderjährigen Gewichtheber waren wegen Anabolikagaben weibliche Brüste gewachsen, die dann 1981 heimlich entfernt wurden.[244] Dass in dieser Phase in den Sportclubs ein unübersichtlicher Wildwuchs, Experimentierfreude und Erfolgsegoismus herrschten, ist anhand der MfS-Akten deutlich sichtbar. Wirksame Lenkungs- und Kontrollmecha-

240 Vgl. IMB „Technik", mehrere Vereise in: BStU, MfS, MfS HA XX, A 637/79, Teil II, Bd. 3, S. 267, 300, 301.

241 Vgl. ZERV 222, Vermerk über einen Besuch im Doping-Kontroll-Labor Kreischa, 24.11.1994, in: LAB, ZERV 222, D Rep. 1120-02, Nr. 309.

242 Vgl. ZERV 222, Abschlussbericht SC Dynamo Berlin, 02.04.1997, in: Landesarchiv Berlin, ZERV 222, D Rep. 120-02, Nr. 319.

243 Radeke/Hauptabteilung XX/3, Bericht zu einigen Fragen der Sicherung des Projekts „unterstützende Mittel", 07.05.1975 (BStU-Dokument). Abgedruckt ohne Beleg in: Seppelt/Schück, Anklage Kinderdoping, S. 133–135.

244 Vgl. Wiese, Kaderschmieden, S. 479.

nismen mussten aus Sicht der Dopingplaner erst entwickelt werden: „Von einer ganzen Anzahl Trainern und Sektionsärzten werden ohne Kenntnis und Abstimmung mit der Leitung des Sportmedizinischen Dienstes derartige Präparate verabreicht, um in klub-egoistischer Weise bereits junge Sportler zu Höchstleistungen zu bringen. Das findet insbesondere seine Anwendung in der Vorbereitung auf die zentrale Kinder- und Jugendspartakiade der DDR."[245] Diese öffentlich gefeierte Leistungsschau des DDR-Jugendleistungssports geriet nun ebenfalls zum Schauplatz der DDR-Dopingpraxis, insbesondere im Schwimmsport. Offenkundig missachteten einige Trainer aus persönlichen Motiven die Grundsätze des fairen Wettbewerbs und Kinderschutzes. Denn mit den Erfolgen ihrer Schützlinge konnten sie ihre Trainerkarrieren vorantreiben, ihnen winkten Prämien und Aufstiegschancen innerhalb des Systems, wie ein Gewichtheber-Trainer der KJS Frankfurt/O. schilderte: „Wer 15 Jahre alt und körperlich reif war, musste schlucken [...] Ja, ich bekam von unserem Arzt genau abgezählte Tabletten [Oral-Turinabol] für jeden Jugendlichen. Sie mussten die Pillen vor meinen Augen einnehmen. [...] Die Jungs waren zu Schweigen verpflichtet. Einigen Eltern habe ich es im Vertrauen gesagt. Doch keiner nahm seinen Sohn deswegen von der Schule. [...] Die Bulgaren gaben sogar schon elfjährigen den Stoff. [...] Wir haben damals nur an den Erfolg gedacht. [...] Schließlich erhielten wir Medaillenprämien von 3500,– Mark und Gehaltserhöhungen."[246]

Geheimhaltung als Staatsauftrag: Abschirmung der Dopingpraxis nach innen und außen

Im internationalen Sport war der Einsatz bestimmter Pharmaka zur Leistungssteigerung (Doping) verboten. Darunter fielen u. a. auch anabole Hormone. Da die Einhaltung dieser Bestimmungen durch Dopingkontrollen bei internationalen Wettkämpfen, speziell im westlichen Ausland, überprüft wurde, war der DTSB gezwungen, sein Dopingsystem nach innen und außen zu verheimlichen.[247] Damit die Vergabepraxis der Dopingmittel nicht öffentlich wurde, agierte im Geheimen ein Netzwerk aus einem relativ kleinen Kreis an Verantwortlichen in der Lenkungs- und Steuerungsebene und einer Gruppe von Akteuren, die als Subsysteme mit der Umsetzung der Dopingpra-

---

245 Radeke/Hauptabteilung XX/3, Bericht zu einigen Fragen der Sicherung des Projekts „unterstützende Mittel", 07.05.1975 (BStU-Dokument). Abgedruckt ohne Beleg in: Seppelt/Schück, Anklage Kinderdoping, S. 133–135.

246 Walter Scholz, Gewichtheber-Jugendtrainer an der KJS Frankfurt/O. (ASK Vorwärts Frankfurt/O.) 1976–1989, in: Berendonk, Brigitte: Doping – Von der Forschung zum Betrug, Reinbek 1992, S. 189.

247 Vgl. IMB „Technik", mehrere Verweise in: BStU, MfS, MfS HA XX, A 637/79, Teil II, Bd. 2, S. 74, 223.

xis befasst und zur absoluten Verschwiegenheit verpflichtet waren. Die Geheimhaltung des DDR-Dopingsystems war ein wichtiger Baustein seines Erfolgs. Vom SMD-Chefplaner Manfred Höppner wurde ein Sicherungskonzept mit der Überschrift „Ordnung zur Sicherheit bei der Anwendung und Untersuchung ‚uM' zum Zwecke der Geheimhaltung" erarbeitet. Laut diesem Strategiepapier sollten beispielsweise die am Dopingsystem beteiligten Personengruppen wie die Verbandsärzte, die Bezirksärzte, die Sektionsärzte der Sportclubs, inkl. Förderstufe II und III, die Abteilungsleiter Klubbetreuung der Sportmedizinischen Hauptberatungsstellen in den Bezirken (SHB), der Direktor/Chefarzt Leistungssport (I und II), die wissenschaftlichen Mitarbeiter Leistungssport, die Cheftrainer, die Verbandstrainer, die Clubtrainer als auch die Sportler mit Unterschriftsleistung zur Verschwiegenheit verpflichtet werden.[248] Um die Dopingvergabe gezielt zu steuern, erarbeitete der DTSB in Absprache mit den Sportverbänden sogenannte Anwendungskonzeptionen für „unterstützende Mittel" („uM"), die von den einzelnen Sportverbänden umzusetzen und einzuhalten waren. Die Kontrolle und Absicherung der Einhaltung dieser Ordnung wurde vom MfS gewährleistet. Durch ein dichtes Netzwerk an Zuträgern, das sich aus einem Pool von ungefähr 3000 Inoffiziellen Mitarbeitern (IM) speiste, konnte die Dopingpraxis unter Kontrolle gehalten, und beispielsweise Vergabewege, Substanzen und Pro-Doping-Forschung abgedeckt werden. An der Einhaltung der Verschwiegenheit war das ZK der SED interessiert, was der Präsident des DTSB, zugleich oberstes ZK-Mitglied für den Sport, Manfred Ewald, in der Unterredung mit Chef-Dopingplaner Manfred Höppner 1974 unterstrich: „Wenn in dieser Hinsicht etwas schief geht bzw. platzt, wird der gesamte DDR-Sport und die bisher erreichten Ergebnisse in Frage gestellt und es kann darüber hinaus noch zu erheblichen diplomatischen Verwicklungen kommen."[249] Ewald war deshalb auch darauf bedacht, möglichst wenig schriftliches Material über die Problematik der Anwendung von „uM" zu schaffen. Anlässlich der Sitzung der Leistungssportkommission am 23. Oktober 1974 verfügte Manfred Ewald, dass es besser wäre, über die speziellen Fragen der „uM"-Vergabe kein unnötiges Material zu schaffen, „da man nicht wissen kann, wie alles einmal kommt."[250] Der hohe Geheimhaltungsgrad war ein wichtiges Anliegen der Partei- und Staatsführung, denn die Dopingvergabe stand im Widerspruch zur offiziellen Sportpolitik der DDR, die sich als Kämpfer gegen das weltweite Doping präsentierte. Sollte der DDR-Sport mit seiner systematischen Dopingpraxis auffliegen, wäre die Glaubwürdigkeit

248 Vgl. IMB „Technik", mehrere Verweise in: BStU, MfS, MfS HA XX, A 637/79, Teil II, Bd. 2, S. 96f., 105, 137.
249 IMB „Technik", Treffbericht, 03.05.1974, in: BStU, MfS, MfS HA XX, A 637/79, Teil II, Bd. 2, S. 74.
250 IMB „Technik", Treffbericht, 03.11.1974, in: BStU, MfS, MfS HA XX, A 637/79, Teil II, Bd. 2, S. 89.

des olympischen Mustersportlandes erschüttert worden. Die staatlich angeordnete Geheimhaltung des Dopingsystems und seine politische Legitimierung durch das ZK der SED (Ewald/Hellmann) boten für die mit der Dopingpraxis beauftragten Akteure einen quasi rechtsfreien und damit straffreien Raum.

Vergabepraxis unter Legende – die Mär von den Vitaminen

Der Höhepunkt im Minderjährigendoping war in den 1970er-Jahren noch nicht erreicht. Auch unterhalb der Altersgrenze von 15/16 Jahren kamen im DDR-Sport Dopingmittel zum Einsatz. Die Dopingprozesse der 1990er-Jahre und verschiedene journalistische Veröffentlichungen aus den Jahren danach zeigten bereits auf, dass das Dopingsystem in der DDR mit der Vergabe von Dopingsubstanzen an Kinder ungeahnte moralische Abgründe erreicht hatte.[251] Mittlerweile haben sich viele Geschädigte und Opfer der Initiative Doping-Opfer-Hilfe e.V. angeschlossen, andere haben ihre Biografien veröffentlicht, wo sie die bis heute bedrückenden Prägungen durch die Doping-Vergabe im Kindes- und Jugendalter eindrucksvoll schildern. So auch Cornelia Reichhelm, die als Ruderin des SC Dynamo Berlin bereits mit 16 Jahren ins Dopingsystem einbezogen wurde.[252] Ines Geipel arbeitete in „Verlorene Spiele" in literarischer Weise den Dopingmissbrauch anhand biografischer Erzählungen über einzelne Dopingopfer auf. Zu ihnen gehört auch die ehemalige Schwimmerin vom SC Magdeburg Ute Krause:

„1976, da war ich vierzehn und wurde in den Kaderkreis II aufgenommen, in eine Trainingsgruppe, die nur noch aus vier Mädchen bestand. Am Beckenrand standen Plasteschachteln mit abgezählten Vitaminen: gelbe, weiße, rote und blaue. ‚Der Körper verbraucht viel, also muss er viel bekommen. Fürs Schwimmen braucht man Kraft!' erklärten die Trainer. ‚Gerade im Winter, wo es nichts gibt, kaum Obst, wenig Gemüse, müsst Ihr Euch richtig ernähren, gerade jetzt sind die Pillen wichtig. Strengt Euch an, dann werdet Ihr auch belohnt!' Wir spürten die Blicke der Männer, wenn wir das Becken verließen und die Tabletten schluckten. Sie schmeckten uns nicht."[253]

Im Nachwuchsbereich wurde gezielt die Legende angewandt, dass es sich bei den ausgegebenen Pillen ausschließlich um Vitamine handelte. Einen anschaulichen Bericht darüber, wie im DDR-Leistungssport Dopingmittel geschickt mit verharmlosenden Erklärungen an die Sportler weitergereicht wurden, gab 1992 der ehemalige Schwimmtrainer des ASK Vorwärts Potsdam, Michael Regner.[254] Die Sportlerinnen

251 Geipel, Ines: Verlorene Spiele. Journal eines Doping-Prozesses, Berlin 2001.
252 Vgl. Reichhelm, Cornelia: Doping-Kinder des Kalten Krieges: Vom Staat geliebt – Vom Staat missbraucht, Berlin 2014.
253 Kapitel „Ute Krause – Aus dem Strom", in: Geipel, Verlorene Spiele, S. 72.
254 Vgl. Der Bericht des Trainers Michael Regner über das Anabolikadoping im Schwimmsport der DDR, in: Berendonk, Doping – Von der Forschung zum Betrug, S. 70–80.

und deren Eltern wurden in dieser Frage bewusst getäuscht. Dass ein Großteil der Sportlerinnen und Sportler, wie auch ihre Eltern, keine Entscheidung über die Einnahme von Dopingmitteln treffen konnten, hängt mit der geheimen und verdeckten Gabe der Dopingsubstanzen zusammen. Die Forschung hat hier bereits in den 1990er-Jahren herausarbeiten können, dass das Narrativ der „Vitamingabe" zu den vorherrschenden Verschleierungstaktiken gehörte. In der Regel wurden, wie das Beispiel Schwimmen zeigt, ganze Serien mit gelben, orangefarbenen, braunen, roten oder weißen Pillen oder Dragees als Vitamine vergeben, sodass die Schützlinge den Tablettenkonsum als eine ungefährliche Gabe von Substituten betrachteten. Unter diesen „Farben-Cocktail" an Pillen ließen sich leicht auch die anabolen Tabletten, von denen einige blau, rot, weiß oder rosafarben waren, ohne die Gefahr ungebetener Nachfragen untermischen. Auch eigens farblich als unverfängliche Vitaminpräparate „getarnte" Dopingsubstanzen (STS 646, Jenapharm) konnten den Sportlerinnen und Sportlern als scheinbar unbedenklich verabreicht werden.[255] Eine andere Form der „Vitamingabe" waren Getränke, die während des Trainings als zusätzliche Energiegaben mit Traubenzucker, Koffein und Vitaminen angereichert wurden. Die Darstellung einer Schwimmerin des ASK Vorwärts Potsdam aus den 1980er-Jahren untermauert die Praxis der verdeckten Verabreichung von Dopingmitteln als Vitamingabe: „Diesen Trank bekam ich erst ab der 7. Klasse, zu dieser Zeit war ich 13 Jahre alt. Außerdem bekam ich von Herrn [X] eine braune und eine gelbliche Dragee in die Hand gedrückt. [...] Zu diesen Tabletten gab Herr [X] an, dass es sich ebenfalls um Vitamine handelt. Da diese Tabletten lose in die Hand gegeben wurden, konnte ich auch nicht erkennen, welche Präparate ich hier einnahm. Einige Zeit später [...], also 1987, bekam ich von Herrn [X] ein anderes Medikament und zwar eine kleine blaue Tablette in die Hand, d.h. nach dem Wassertraining sollten wir in der Schwimmhalle an seinen Tisch kommen, wo er uns die Tablette aushändigte und dabei strikt die Einnahme überwachte. [...] Eine Erklärung, was für blaue Tabletten ich hier einnehmen musste, gab Herr[X] nicht. Auf meine Frage, was für Tabletten es seien, ging er nicht direkt auf meine Frage ein und erklärte lapidar, dass es Vitamine sind. [...] Nicht unerwähnt möchte ich lassen, dass ich diese blauen Tabletten nicht immer in die Hand bekam. Ich kann mich konkret an einen Vorfall erinnern, wo diese blaue Tablette auf dem Boden meiner durchsichtigen mit meinem Namen versehenen Trinkflasche lag."[256]

255 Den Kriminalbeamten des Erfurter LKA gelang in den 1990er-Jahren, solche Präparate von ehemaligen Leistungssportlern sicher zu stellen. Vgl. Purschke, Thomas: Staatsplan Sieg. Die Instrumentalisierung des DDR-Wintersports am Beispiel Oberhof, Zella-Mehlis 2004, S. 13.

256 ZERV 222, Vernehmung der Zeugin XY (Schwimmerin des ASK Vorwärts Potsdam), 28.02.1996, in: Landesarchiv Berlin, ZERV 222, D Rep. 120-02, Nr. 317.

Die Sprachregelung der „Vitamingabe“ wurde von den obersten ZK-Sportfunktionären nicht nur gebilligt, sondern vorgegeben. Sportmediziner Manfred Höppner, der einzige mit medizinischem Fachverstand aus dem inneren Doping-Zirkel der Leistungssportzentrale, drang mit seinen in den MfS-Akten zuweilen anklingenden Bedenken zur Dopingpraxis an minderjährigen Schwimmern bei den ZK-Oberen des Sports, Manfred Ewald und Rudolf Hellmann, nicht durch. Bezüglich der verordneten Vertuschungstaktik wurde er mit der Bemerkung beruhigt, „dass die Leichtathleten in der Regel älter sind, aber aufgrund des jungen Alters der Schwimmer ihrer Meinung nach es nicht notwendig sei, dass sie bereits alles wissen.“[257] Der innere Zirkel des DDR-Sports ignorierte die medizinischen Bedenken des für das staatlich gelenkte Doping verantwortlichen Leiters des Bereichs „Leistungssport II“ im SMD, Dr. Manfred Höppner, und beharrte somit auf der Einbeziehung der Kinder und Jugendlichen in die Doping-Programme, wie ein Dokument aus der IM-Akte Höppners belegt: „In einer weiteren Anfrage machte ich darauf aufmerksam, dass wir uns entscheiden müssen, wie wir uns zukünftig mit der Anwendung von anabolen Hormonen bei den noch recht jungen Schwimmerinnen verhalten sollen, die ja in ihrem höchsten Leistungsalter im Verhältnis zu den anderen Sportlerinnen relativ sehr sehr jung sind. Auf diese Frage wurde keine konkrete Antwort gegeben, geschweige denn eine Festlegung getroffen. Lediglich ein Genosse äußerte sich wie folgt: Es ist sehr problematisch. Alle übrigen schauten zu Boden, Genosse Ewald äußerte sich nicht.“[258]

Gerade diese Beispiele zeigen, dass man sich der gesundheitlichen Risiken bei der Anwendung von Dopingmitteln bei Kindern und Jugendlichen durchaus bewusst war. Doch wurden kleinste Bedenken mit der Aussicht auf eine ertragreiche olympische Medaillenbilanz bei Seite geschoben. Die Diskussionen einer ‚Forschungsgruppe u.M.‘, die einer im DTSB und im FKS verorteten ‚Arbeitsgruppe u.M.‘ mit ihrer Expertise zuarbeitete, zeigt deutlich, dass man sich von moralischem Handeln und von gesetzlichen Normen längst verabschiedet hatte. DTSB-Präsident Manfred Ewald nahm gar aktiv Einfluss auf die Anwendung von „uM“ an Leistungssportlern, indem er u. a. erklärte, es sei alles erlaubt, entscheidend sei die erbrachte Leistung, wie die ZERV-Ermittler den Stasi-Dokumenten entnahmen.[259]

257 Treffbericht IMV „Technik“ (1977), in: BStU, MfS, XV 2672/65, Bd.3, S. 213.

258 Kurzinformation über eine Beratung der „Höppner-Gruppe“ (Manfred Höppner, Manfred Ewald, Horst Röder u. a.), März 1977. Zitiert nach Geipel, Verlorene Spiele, S. 27.

259 Vgl. ZERV 222, Bericht, 14.10.1994, in: Landesarchiv Berlin, D Rep. 120-02, Nr. 310. Vgl. ebenso: IMB „Technik“, mehrere Verweise in: BStU, MfS, MfS HA XX, A 637/79, Teil III, S. 25, 347, 385, 386.

Fataler Parteibeschluss führt zur Erweiterung des Dopingprogramms: Hochphase des Dopings bei Minderjährigen in den 1980er-Jahren

In der Bundesrepublik wusste man spätestens Ende der 1970er-Jahre, dass die bei den internationalen Starts wahrnehmbaren körperlichen Veränderungen bei jungen Schwimmerinnen und Leichtathletinnen aus der DDR eine medikamentöse Ursache hatten. Dafür sorgte eine Sprinterin des TSC Berlin. Die 1977 in die Bundesrepublik geflüchtete Leichtathletin Renate Neufeldt brachte ihre Erfahrungen aus der DDR in den Westen mit. Ein Spiegel-Artikel aus dem Jahre 1979 sorgte für eine Bestätigung bisheriger Vermutungen und bei den DDR-Sportfunktionären für Unruhe ob der Sicherheit des Doping-Staatsgeheimnisses.[260] Dies läutete eine neue Phase des Minderjährigendopings in der DDR ein, die einen deutlichen Quantensprung seit Anfang der 1980er-Jahre erkennen lässt. Kennzeichnend ist von nun an eine stärkere Zentralisierung und Kontrolle sowie in ausgewählten Sportarten eine flächendeckende Vergabepraxis, sodass von einer Hochphase im Minderjährigendoping gesprochen werden kann. Eine Passage aus dem SED-Leistungssportbeschluss von 1980 legte die folgenschwere Grundlage dafür, dass den jugendlichen Sporttalenten nun eine sportmedizinische Fürsorge anderer Qualität widerfahren sollte: „In der 2. Förderstufe ist das Prinzip der sektionsspezifischen Betreuung durchzusetzen. Die Betreuung ist insbesondere auf die Unterstützung solcher Anpassungsprozesse zu richten, die hohe Belastbarkeit im späteren Hochleistungstraining sichern."[261] Damit wurden die jugendlichen Talente den einzelnen Sektionsärzten der Sportclubs, geordnet nach Sportarten, überantwortet. Bisher war es so geregelt, dass die gesamte medizinische Betreuung in der Obhut der Kinder- und Jugendsportschulen, die in der Regel über eine SMD-Außenstelle mit hauptverantwortlichem Sportarzt und moderner sportmedizinischer Betreuung[262] verfügten, lag. Die gesamte sportmedizinische Betreuung, inklusive der Doping-Praxis, war nun jedoch vollends in die Hände der Sportclubs gelangt. Da der Beschluss mit der Forderung einherging die Anschlusskader schneller an den unmittelbaren Spitzenbereich heranzuführen, war es aus Sicht der DDR-Sportplaner nun erstrebenswert, alle Möglichkeiten auszuschöpfen, um diese Zielsetzung zu erfüllen. Dieser Vorgabe folgte auch die Doping-Forschung in der DDR. Die ZERV ermittelte unter Mithilfe von Werner Franke ein Ergebnisprotokoll der ehemali-

260 Vgl. DDR: Schluck Pillen oder kehr Fabriken aus, in: Der Spiegel (1979), Nr. 12, 19.03.1979, S. 194.

261 ZK der SED, Anlage Nr. 5 zum Protokoll Nr. 49 vom 2. Dezember 1980, Betreff: Beschluss zur weiteren Entwicklung des Leistungssports in der DDR im Zeitraum 1981–1985 und zur Vorbereitung auf die Olympischen Spiele 1984, S. 20, in: SAPMO-BA Berlin, SED, DY 30/JIV2/2/1869.

262 Ab Mitte der 1970er-Jahre gehörten diese Einrichtungen zum Standard in den KJS-Neubauten. Vgl. Gesamteinschätzung der Entwicklungspläne für die Kinder- und Jugendsportschulen, die durch die Abteilung Volksbildung bei den Räten der Bezirke für den Zeitraum bis 1975 erarbeitet wurden, o.D. [1971], in: BA Berlin, MfV, DR 2/ D 357.

gen Sportärzte Hans-Henning Lathan (FKS) und Hans-Joachim Kämpfe (ZI Kreischa) aus dem Jahr 1981. Demnach hatte es eine Studie zur Wirkung anaboler Steroide an 40 Gewichthebern gegeben. Diese Sportler von mehreren Kinder- und Jugendsportschulen mit einem Durchschnittsalter von 15 Jahren wurden Anfang 1981 für die medizinischen Versuche mit Oral-Turinabol rekrutiert. Ein medizinisch notwendiger Grund der Applikation mit dem Anabolikum lag nicht vor. Die Medikamentenversuche an den Minderjährigen dienten allein der Sammlung von Erfahrungswerten für die künftige Anwendung im gesamten Leistungssport der DDR. Obwohl beiden Ärzten aus der einschlägigen Literatur die gesundheitsgefährdenden Nebenwirkungen von anabolen Steroiden, besonders bei Personen im Kinder- und Jugendalter, bekannt waren, wurden 15-jährige Sportler für dieses Experiment herangezogen. Nach der Vergabe von 5mg bzw. 10mg Oral-Turinabol an die Versuchsgruppe in dem Untersuchungszyklus von 2mal 6 Wochen zeigten sich, wie in der Studie angegeben, bereits die schon bekannten Nebenwirkungen.[263] Berendonk, die diese Experimente an Minderjährigen bereits 1991 und 1992 in zwei Publikationen öffentlich machte, konnte offenlegen, dass die Teilnehmenden weder über die Medikamente aufgeklärt wurden noch ihr Einverständnis, auch nicht das der Eltern, hierfür gegeben hatten.[264]

Die Forschungsinstitute bereiteten sich derweil 1980/81 mit verschiedenen Forschungsvorhaben darauf vor, weitere Steroidsubstanzen wie STS 646, ein nicht zugelassenes Hormonpräparat (Mestanolon), in verschiedenen Sportarten bei den Spitzenkadern zum Einsatz zu bringen. Der Einsatz von STS 646 sollte bei Olympia- und Nationalmannschaftskadern in den Sportarten Kanu Rennsport, Rudern, Leichtathletik (speziell Wurf/Stoß und Lauf), Boxen, Judo, Volleyball, Handball (Damen), Gerätturnen und Radsport/Straße Anwendung finden.[265] Während bei den erwachsenen Spitzenathleten der Wirkkreis von STS 646 auf einen größeren Sportartenkanon abzielte, bezog das Dopingprogramm nun ebenso fast alle Sportarten der 2. Förderstufe, hier die Kaderkreise II und III (Nachwuchsnationalmannschaften und Reservekader für die Nationalmannschaften),[266] in die Vergabepraxis ein. Somit gehörte die Vergabe von Dopingsubstanzen wie Oral-Turinabol an Minderjährige fortan zu den Eckpfeilern im

263 Vgl. ZERV 222/28 Js 1014/93/Siebke, Vermerk, 24.08.1995, in: Landesarchiv Berlin, ZERV 222, D Rep. 120-02, Nr. 308.

264 Vgl. Berendonk, Doping Dokumente, S. 187–189. Vgl. ebenso: Berendonk/Franke, Hormondoping als Regierungsprogramm, S. 174.

265 Vgl. Textdokument 2B: Auszüge aus „Zur Anwendung von Steroidsubstanzen (STS) im Training und Tierexperiment sowie zur Qualitätsprüfung der STS-Präparate – Ergebnisbericht 1980/81“ (Schäker et al. 1981), W. Schäker, unter Mitarbeit von K. Schubert, M. Oettel, U. Miedlich, J. Gedrat, C. Clausnitzer, B. Bernstein, Anlage zur Erweiterung der Anzeige Prof. Werner Franke, Prof. Werner Franke an Staatsanwalt Erich Draht/Leipzig, 22.06.1992, in: Landesarchiv Berlin, ZERV 222, D Rep. 120-02, Nr. 320.

266 Zur Ausweitung der sportlichen Ziele vgl. ZK der SED, Anlage Nr. 5 zum Protokoll Nr. 49 vom 2. Dezember 1980, Betreff: Beschluß zur weiteren Entwicklung des Leistungssports in der DDR

Anschlusstraining und sollte insbesondere in den Ausdauersportarten Schwimmen, Leichtathletik, Skilanglauf und Rudern sowie den Kraftdisziplinen der Leichtathletik oder im Gewichtheben für Rückenwind bei der Leistungssteigerung der Nachwuchsathleten mit Blick auf die bevorstehenden Olympischen Spiele von 1984 sorgen.

Aus der heimlichen Dopingvergabe an minderjährige Spitzenkader wurde nun ein flächendeckendes Modell, an das sich Trainer und Verbandsärzte zu halten hatten. Insbesondere die heimliche Mischung von Dopingmitteln in Getränke oder andere Verschleierungs- und Vertuschungsmethoden wurden nun gezielt umgesetzt, um keinerlei Verdacht bei Sportlern und deren Familien aufkommen zu lassen.[267] Eine der wenigen noch überlieferten Anwendungskonzeptionen für das systematische Doping im nordischen Skisport der DDR bietet erstaunliche Aufschlüsse über den breiten Einsatz von Doping bei Minderjährigen. Die vom Verbandsarzt des DSLV erarbeitete „Anwendungskonzeption u.M. des DSLV im Trainingsjahr 1985/86", worin „das Mindestalter der Sportler [...] 16 Jahre [betragen]"[268] sollte, bestätigt in der nur wenige Passagen später abgedruckten Nationalmannschaftskaderliste (Kaderkreis I) den neuen Kurs der Altersreduzierung bei der Dopingvergabe. Von den insgesamt 43 Kaderathleten und -athletinnen der verschiedenen Fachsparten des DSLV waren allein 13 minderjährig (Biathlon: 11; Langlauf/weiblich: 2). Zwar liegen uns heute keinerlei weitere Anwendungskonzeptionen in Dokumentenform vor, doch kann geschlussfolgert werden, dass gerade im Schwimmen, in der Leichtathletik, im Rudern und Kanu, wie auch in den kraftdominierten Sportarten wie Gewichtheben und den Kampfsportarten ähnliches galt. Die nun immense Ausweitung der Vergabe auf die Kaderkreise II und III hatte für die Geheimhaltungsstrategie allerdings seine Tücken. Die heimliche Vergabe per Legende ließ sich anscheinend nicht komplett durchsetzen, auch wenn in einigen Fällen zum Mittel der „Belehrung" gegriffen wurde. Allerdings erwies sich dieser Weg bei den Jugendlichen als Sicherheitsrisiko wie im Fall einer 10. Klasse der KJS Frankfurt/O. Ein IM-Bericht attestierte den Schülern ein hohes Maß an „Schwatzhaftigkeit", da sich die Sportler der Mannschaft Gewichtheben des ASK Vorwärts Frankfurt/O. gegenseitig über die Dopingpraktiken informierten.[269]

---

im Zeitraum 1981–1985 und zur Vorbereitung auf die Olympischen Spiele 1984, in: SAPMO-BA Berlin, SED, DY 30/JIV2/2/ 1869.

267 Vgl. Spitzer, Doping in der DDR, S. 411. Auch erwachsenen Sportlern, die sich der Einnahme verweigerten, wurden die Dopinggaben heimlich in Getränken untergemischt wie bei der Langläuferin Ute Noack. Vgl. Eumann, Jens: Wunden, die die Zeit bis heute nicht heilte, in: Freie Presse, 05.02.2010.

268 Kämpfe, H.-J./Verbandsarzt DSLV, Anwendungskonzeption u.M. des DSLV im Trainingsjahr 1985/86, handschriftlich, o.D. [1985], in: BStU, MfS, Dresden AIM 103/87, Teil II, Bd. 1, Nr. 128, in: Spitzer, Sicherungsvorgang Sport, S. 428.

269 Vgl. Treffbericht IMS „H. Hagen", Betreff Umgang mit unterstützenden Mitteln (u.M.), 11.08.1983, Nr. 179, in: BStU, MfS, Neubrandenburg A 123/89, Bd.1, in: Spitzer, Sicherungsvorgang Sport, S. 541.

In den 1980er-Jahren etablierte sich schließlich ein System, das Doping bei Minderjährigen immer mehr Platz einräumte. Sportlerinnen und Sportler, die den Mut hatten, sich diesem rohen Umgang mit ihrer Gesundheit zu verweigern, wurden aus dem privilegierten Leistungssportssystem ausgeschlossen, so wie ein Fall beim SC Dynamo Berlin aus dem Jahre 1982 belegt. Die junge Ruderin, die sich weigerte, sich männliche Hormone spritzen zu lassen, musste das Leistungszentrum verlassen.[270] Mit den altbewährten Mitteln der Sportdiktatur wurde damit ein Sicherheitsrisiko eliminiert, die Ausdelegierung erzeugte zudem eine abschreckende Wirkung bei anderen Jugendlichen.

Kontrollverlust und dezentrale Phase des Dopings Ende der 1980er-Jahre

Die letzte Phase des Minderjährigendopings ist Ende der 1980er-Jahre auszumachen. Sie ist durch einen fortschreitenden Kontrollverlust seitens der Zentrale gekennzeichnet. Immer mehr Minderjährige gerieten ohne Bestätigung durch die zentralen Dopingverantwortlichen in den Kreis der Dopingvergabe durch die Sportclubs. Auswüchse waren durch Höppner und den DTSB mittlerweile nicht mehr zu stoppen. Dezentrale Vergabe und neue Methoden charakterisierten die letzten Jahre des DDR-Minderjährigendopings. Zu den neuen Methoden, den Kindern und Jugendlichen illegal Doping zuzuführen, zählten auch Schein-Therapien. Spitzer konnte anhand verschiedener Fälle belegen, dass insbesondere in der postanabolen Phase nach 1986 gerade Kindern und Jugendlichen aus Krankheitsgründen Therapien („Stoffwechselschema" oder „Kaiserschema") „verschrieben" wurden, die sich allerdings letztendlich als Dopingvergabe entpuppten.[271] Die Leipziger Ärztin Gudrun Fröhner hatte vor Gericht behauptet, zehn- bis zwölfjährigen Turnerinnen Oral-Turinabol aus therapeutischen Gründen verabreicht zu haben.[272] Dies schien einer der erfindungsreichen Wege zu sein, um die Dopinganwendung weiter aufrecht erhalten zu können. Die vom IOC und den internationalen Sportverbänden 1986 verhängten Trainingskontrollen brachten enorme Unruhe in das zentral gelenkte Doping-System. Ein IM-Bericht gibt ausführlich Auskunft darüber, dass beim ASK Vorwärts Frankfurt/O. 1986 Panik ausbrach, als sich internationale Dopingkontrolleure bei der Sportmannschaft Gewichtheben ankündigten. Mit aller Macht sollte verhindert werden, dass auch die anwesenden offenkundig gedopten Nachwuchssportler der KJS Frankfurt/O., die aber nicht

270 HA XX/3, Treffbericht IM „A. Köhler" (1982), in: BStU, MfS, unerschlossener Bestand, Bd.1, S. 154. Zit. n. Berendonk/Franke, Hormondoping als Regierungsprogramm, hier S. 176, Fußnote 22.

271 Vgl. Spitzer, Sicherungsvorgang Sport, S. 170–173.

272 Vgl. Spitzer, Giselher: Vorbild oder Zerrbild? Der DDR-Hochleistungssport im Licht neuer Forschungen. Horch & Guck (2005), H. 14, S. 21–31.

auf den Listen der Fahnder standen, zufällig mit kontrolliert wurden.[273] Es ist belegt, dass ein Teil der Kinder und Jugendlichen aus dem Spitzenbereich offenbar immer mehr wie ihre erwachsenen Vorbilder behandelt und über die Dopinggabe informiert wurde; sie anscheinend sogar dem Ganzen etwas Normales abrangen. Der Schwimmtrainer Michael Regner schilderte beispielsweise die Reaktion seiner Schützlinge bei der ritualisierten Vergabepraxis im Jahr 1987 folgendermaßen: „Die Schwimmerinnen streckten mir nacheinander ihre Handflächen entgegen, die Innenseite nach oben gekehrt. Dann reichte ich jeder einzelnen meine Rechte und übergab so die ‚Blauen'. Die Mädchen schlossen ihre Hand zur Faust und führten sie zum Mund. Einmal hatte ich vergessen, (X) ihre Tablette in die Hand zu drücken. Sie blieb einen Moment am Tisch stehen und sagte dann: ‚Herr Regner, da fehlt doch was.'"[274]

Ein eher unterbelichtetes Feld ist bis heute die Pro-Dopingforschung. Hier liegen bezüglich der Einbeziehung von Minderjährigen nur wenige Daten vor. Berendonk/Franke ermittelten, dass beispielsweise Minderjährige aus den Sportclubs der ASV Vorwärts als Probanden der Pro-Doping-Forschung für die Militärmedizinischen Akademien ausgewählt wurden.[275] Im FKS wurde zudem in einer Forschungsarbeit die „Erstanwendung von u.M" bei 14-15jährigen Schwimmerinnen thematisiert.[276]

Im Teufelskreis zwischen Talentförderung und Erziehungsdiktatur: Überwältigung, Manipulation, Repression

Ein bisher wenig ausgeleuchtetes Betrachtungsfeld sind die Handlungsspielräume der jugendlichen und jung erwachsenen Sportler im System der Dopingpraxis der DDR. Wieviel Freiheiten und Eigensinn konnten sie entwickeln, um eine erfolgreiche sportliche Karriere zu gestalten? In den vorherigen Kapiteln wurden bereits einige repressive Praktiken offengelegt. Drohungen oder Ausdelegierungen waren nur einige Maßnahmen. Die Dopingpraxis war sportlich unfair, blieb aus politischen Gründen geheim und wirkte potentiell gesundheitsschädigend. Die Sportlerinnen und Sportler waren in diesem System gewollt oder ungewollt Beteiligte, wurden zu Mitwissern und

273 Vgl. Anlage zum Treffbericht IMS „H. Hagen", handschriftlich, 01.11.1986, Bericht zur geplanten Dopingkontrolle durch die internationale Kommission, Nr. 340–341, in: BStU, MfS, Neubrandenburg A 123/89, Teil I, Bd. 2, in: Spitzer, Sicherungsvorgang Sport, S. 446f.

274 Der Bericht des Trainers Michael Regner über das Anabolikadoping im Schwimmsport der DDR, in: Berendonk, Doping Dokumente, S. 75.

275 Vgl. Berendonk/Franke, Hormondoping als Regierungsprogramm, hier S. 173. Vgl. ebenso: Dokument 5, in: Spitzer, Giselher/Teichler, Hans Joachim/Reinartz, Klaus (Hrsg.): Schlüsseldokumente zum DDR-Sport. Ein sporthistorischer Überblick in Originalquellen. Köln 1997, S. 285.

276 Vgl. FKS/Themengruppe Bereich D, Zusammenfassende Darstellung der Ergebnisse der Forschungsarbeit zum Staatsplanthema 14.25 im Olympiazyklus 1984–1988, S. 36, in: Landesarchiv Berlin, ZERV 222, D Rep. 1120-02, Nr. 320.

Betrügern, aber wurden ebenso zu Belogenen, Missbrauchten und/oder Geschädigten gemacht. Eine Differenzierung zwischen Einzelfällen sowie den Phasen innerhalb einer Biografie ist dringend geboten. Motivationen und Abhängigkeiten, Informationen über Dopingwissen sowie Handlungsspielräume müssen abgesteckt werden.

Bereits 1989 offenbarte die Schwimmerin Christiane Knacke, die nach der Übersiedlung in die Bundesrepublik nun erstmals frei über Doping-Geschehnisse der Vergangenheit sprechen konnte, die Ohnmacht einer 15-Jährigen, die 1977 nach der Berufung in den Damen-Nationalmannschaftskader ihre körperlichen Veränderungen reflektierte. „Wir wurden immer stärker, immer muskulöser, immer unweiblicher und immer schwerer. Aber ich nahm die Pille trotzdem. Was sollte ich tun? Ich war in einem Teufelskreis gefangen."[277] Im Folgenden sollen einige Mechanismen dieses Teufelskreises aufgezeigt werden.

Wirrwarr um gesundheitliche Aufklärung und die Propaganda von der Beherrschung gesundheitlicher Risiken

Die Vielzahl der Athleten, die sich als Zeugen den Vernehmungen der ZERV in den 1990er-Jahren stellten, wurde mit Fragen zu ihrer sportlichen Biografie in ihrer Jugend oder Kindheit konfrontiert. Eine zentrale Frage betraf die Einwilligung und das Wissen darüber, was ihnen die Trainer an Substanzen, neben Vitaminpräparaten, verabreichten und wie die gesundheitliche Aufklärung über diese Präparate erfolgte. In der Summe der Vergabepraxis von Trainern und Sportärzten werteten Ende der 1990er-Jahre die Gerichte die Dopingvergabe im Sinne des Strafgesetzbuches der DDR als rechtswidrig. Das Handeln war nicht durch eine Einwilligung der Sportler legitimiert. Dies gilt eindeutig bei den Vertuschungen als „Vitamingaben" bei minderjährigen Talenten, aber auch bei erwachsenen Athleten, da diese Einwilligung frei von Täuschung, Irrtum oder Zwang und in Kenntnis der Tragweite und Folgen hätte erteilt werden müssen. Täuschungen durch angebliche „Vitamingaben" und fehlende bzw. unqualifizierte Aufklärung durch fachunkundige Trainer wie auch Konspiration und Manipulation boten keine Grundlage für eine Einwilligung.[278]

DTSB-Vizepräsident Thomas Köhler meldete sich 2010 mit der Behauptung zu Wort, dass die Athleten der DDR in die Vergabepraxis eingeweiht und die Mittel einver-

277 Ich war in einem Teufelskreis. Dresdner Schwimmerin gesteht Doping, in: Hamburger Abendblatt, 10.07.1989, S. 15.

278 Vgl. Richter, Daniela: Doping als Gesundheitsschutz für Sportler? Eine Annäherung an Motivationen und Erklärungen von Verantwortlichen im DDR-Leistungssport, in: Die Landesbeauftragte für Mecklenburg-Vorpommern für die Aufarbeitung der SED-Diktatur, DDR-Staatsdoping und Sportgeschädigte, Schwerin 2023, S. 82–95, hier S. 88.

nehmlich verabreicht wurden.[279] Schaut man sich dagegen die Zeugenvernehmungen der ZERV an, ist ein ganz anderes Bild festzustellen. Während einige Athleten zu Protokoll gaben, dass sie Kenntnis über die Doping-Pillen und ihre möglichen gesundheitsschädlichen Nebenwirkungen erhielten, verneinen andere dies mit Vehemenz. Dies trifft besonders auf jene Athleten zu, die minderjährig Dopingsubstanzen verabreicht bekamen. Die Sportler konnten zuweilen die Vergabe von blauen, roten oder weißen „Pillen" (Oral-Turinabol oder andere Steroide) in ihrer Erinnerung identifizieren, allerdings wurde ihnen in der Regel nicht erklärt, was sie eigentlich einnahmen. Beispielsweise konnte sich eine damals 15-jährige Schwimmerin an die Vergabe „blauer Pillen" im Jahr 1977 erinnern, doch stellte sie eindeutig klar: „Nein, zu keinem Zeitpunkt hat man mich aufgeklärt. Auch nicht über eventuell auftretende Nebenwirkungen. Soweit mir bekannt ist, wurden auch meine Eltern nicht um ein Einverständnis zur Verabreichung dieser Medikamente gebeten."[280] Ähnliches gibt eine Leistungskanutin des SC Berlin-Grünau für die 1980er-Jahre zu Protokoll. Sie gab an, als damals 14-jährige über einen Zeitraum von vier Jahren leistungsunterstützende Mittel mit Einnahmeplan bekommen zu haben, jedoch ohne über mögliche Nebenwirkungen aufgeklärt worden zu sein. „Man sprach von leistungsunterstützenden Mitteln, überreichte mir ein Merkblatt und ich nahm auch fortan diese Mittel in bestimmten Zeitabständen, die der Trainer vorgab. Außerdem wurde ich vom Trainer zur Verschwiegenheit verpflichtet. [...] Ich weiß den Inhalt dieses Merkblattes nicht mehr genau, fest steht aber, dass ich auch meine Eltern darüber nicht informieren durfte. Ich hatte es schlichtweg für mich zu behalten. Es fanden auch keine Gespräche über diese unterstützenden Mittel zwischen Eltern und Trainern statt. Sie waren praktisch nicht davon informiert und ich habe es von mir heraus auch nicht getan. [...] Keinesfalls durfte ich dieses Merkblatt mitnehmen."[281]

Mit der unzureichenden medizinischen Aufklärung wurden Sportler wie ihre Eltern gerade hinsichtlich der möglichen Risiken im Unklaren gelassen. Die ZERV-Ermittler kamen 1994 nach einer Vielzahl an Zeugenvernehmungen zu der Einschätzung, dass gerade bei Sportlern im Kindesalter, die zur Leistungssteigerung „uM" erhielten, die Verantwortlichen mit einer besonderen Strategie kommunizierten. Bei eventuellen Nachfragen der Eltern über eine Vergabe von Anabolika an ihre Kinder sollten keinerlei Zugeständnisse gemacht, sondern nur darauf hingewiesen werden, dass die

279 Vgl. Köhler, Thomas: Zwei Seiten der Medaille. Thomas Köhler erinnert sich, Berlin 2010, S. 196.
280 ZERV 222, Vernehmung eines Zeugen XY (Schwimmerin SC Dynamo Berlin), 24.05.1996, in: Landesarchiv Berlin, ZERV 222, D Rep. 120-02, Nr. 305.
281 M I 2, Vernehmungsprotokoll Zeugin XY (Kanutin SC Berlin-Grünau), 20.09.1991, in: Landesarchiv Berlin, ZERV 222, D Rep. 120-02, Nr. 321, Bl. 45–53. Vgl. ebenso: ZERV 222 an Leiter ZERV, Bericht, 08.10.1993, in: Landesarchiv Berlin, D Rep. 120-02, Nr. 311.

Sportler in höchstem Maße sportmedizinisch betreut werden.[282] Es wurde behauptet, dass die Verantwortlichen des SMD die Beherrschung gesundheitlicher Risiken unter Kontrolle hätten. In Anbetracht der vorliegenden Daten über Schädigungen und Körperverletzung muss dieser Anspruch als Lippenbekenntnis abgetan werden. Dennoch behauptete 2006 eine Gruppe verantwortlicher Sportmediziner, die so nach eigenem Bekunden zur „Versachlichung" der aufgeheizten Debatte um die DDR-Dopingpraxis beitragen wollte, sie hätten nach dem Grundsatz gehandelt, dass der politisch legitimierte Dopingeinsatz „wenigstens unter strikter Beschränkung und fachlicher Aufsicht"[283] erfolgte. Doch schon im Januar 1990 hatte ein Sportarzt zugegeben, dass „diagnostische und therapeutische Aspekte der Betreuung"[284] in Konzeptionen stecken blieben und die Entfaltung einer verantwortlichen Sportmedizin an einer verfehlten Politik der SMD-Leitung scheiterte. Trotz aller Erklärungsversuche und Beschwichtigungen der Akteure haben die Gerichte die Verantwortung der Trainer und Ärzte deutlich herausgestellt. Dies gilt nicht nur gegenüber den minderjährigen Schutzbefohlenen, sondern ebenso gegenüber den Volljährigen, bei denen eine umfassende medizinische Aufklärung hätte erfolgen müssen. Dass dies in der Regel nicht der Fall war, machen Zeugenaussagen im Rahmen der ZERV-Ermittlungen deutlich.

Ein Gewichtheber, der zu jenen Sportlern zu zählen ist, die bereits 1971, also früh mit anabolen Steroiden in Berührung kamen, sagte 1994 in der Zeugenbefragung folgendes aus: „Als mich Dr. [X] (Sektionsarzt des TSC Berlin, d. Verf.) zum ersten Mal ansprach erklärte er mir, dass die Medikamente den Hormonhaushalt des Körpers insofern verändern, dass mehr Eiweiß aufgenommen werden kann. Dies würde die Muskelstruktur verbessern und die Maximalkraftfähigkeit, natürlich in Kombination mit entsprechendem Training. Ich war mit der Einnahme einverstanden und habe das freiwillig eingenommen. Ich hatte mich bei meinen Ärzten vergewissert, dass ich durch die Einnahme der unterstützenden Mittel keine Körperschäden davontragen würde. Sie sagten mir, dass es ungefährlich sei, wenn ich die vorgeschriebenen Absetztermine einhalten würde. Bei dem Medikament handelte es sich um das Präparat Oral-Turinabol, welches ich in Originalverpackung von meinen Ärzten bekam. In der Verpackung befanden sich ca. 20 Tabletten mit einem Wirkstoffgehalt von 5,0 mg/Tablette. Ich wurde von meinen Ärzten jedesmal konkret angewiesen, wieviele Tabletten ich in welchem Zeitraum einnehmen sollte. Die Höchstdosis betrug

282 Vgl. ZERV 222, Bericht, 14.10.1994, in: Landesarchiv Berlin, D Rep. 120-02, Nr. 310.
283 Strauzenberg, Stanley Ernest/Gürtler, Hans: Sportmedizin in der DDR, Veröffentlichungen der Interessengemeinschaft Medizin und Gesellschaft e.V. (2006), Heft 55/56, S. 141.
284 Zit. n. Teichler, Hans Joachim/Reinartz, Klaus: Das Leistungssportsystem der DDR in den 80er-Jahren und im Prozess der Wende, Schorndorf 1999, S. 584f.

nach meiner Erinnerung zum Ende meiner sportlichen Karriere 8 Tabletten pro Tag. Dies geschah aber nur in einem Zeitraum von wenigen Wochen. Dann musste ich die Einnahme wieder unterbrechen. Während der ganzen Zeit stand ich unter ärztlicher Kontrolle. Ich musste regelmäßig Blut- und Urinproben abgeben, die untersucht wurden. Über die Laborbefunde wurde ich nicht unterrichtet. Im Jahre 1978 wurde ich von meinem Arzt aufgeklärt, dass ich schlechte Leberwerte hatte. Es wurden in meiner Leber erhöhte Transaminasen als Ausdruck einer entzündlichen Leber diagnostiziert. Ich wurde daraufhin 4 Wochen in Kreischa behandelt. Die Einnahme der Anabolika wurde mir verboten, ebenfalls der Genuss von Alkohol."[285]

Die 1978 eingetretenen körperlichen Beschwerden führen die Behauptung einer „ärztlichen Kontrolle" des Dopings ad absurdum. Aus heutiger Sicht erscheint es angesichts der enormen gesundheitlichen Schäden, die im Gewichtheben durch die Gabe von anabolen Steroiden verursacht wurden, als geradezu grotesk, dass ein Mediziner im Jahr 1971 seinen Schützling mit Aussagen wie „keinerlei Körperschäden" oder „ungefährlich" hinsichtlich möglicher Nebenwirkungen beruhigte. Gerade in dieser Frühzeit lagen kaum verlässliche Daten darüber vor. Die Sportler wurden mit der Behauptung der medizinischen Beherrschbarkeit von Risiken bewusst in die Irre geführt, um das Talent in den Kampf um olympische Medaillen schicken zu können. Die Rechtfertigungen von Köhler, der die Dopingpraxis im Nachhinein zu einem „geschützten System" umdeutet, sind anhand der Daten über vorliegende Körperverletzungen kritisch zu betrachten.[286]

Erziehung zur Loyalität und „Diplomat im Trainingsanzug"

Christiane Knacke, Olympiamedaillengewinnerin im Schwimmen, äußerte sich 1998 im Rahmen der Doping-Prozesse: „Wir waren auf naiv gedrillt, haben immer gesagt: Gehirn abgeben!"[287] In der Tat durchliefen die Sportler und Sportlerinnen eine jahrelange politisch-ideologische Erziehung und Bildung an den Kinder- und Jugendsportschulen sowie Sportclubs. Obwohl die Sportler die Wirkung der ideologischen „Rotlichtstunden" im Rückblick kleinreden, darf die staatspolitische Prägung der Charaktere nicht unterschätzt werden.

In der Praxis der politisch-ideologischen Schulung an den KJS zeigte sich die „Erziehungsdiktatur" der DDR von ihrer konsequenten Seite. Die normalen allgemeinbilden-

285 Der Polizeipräsident in Berlin/KHK Hippe, Vernehmung des Zeugen XY (Gewichtheber des TSC Berlin), 17.05.1994, in: Landesarchiv Berlin, ZERV 222, D Rep. 120-02, Nr. 308.

286 Vgl. Köhler, Zwei Seiten der Medaille, S. 194f.

287 Witt, Christian: Das Versuchskaninchen. In der DDR wurde Schwimmerin Christiane Knacke als 15-Jährige ohne ihr Wissen gedopt, in: Focus, 27.04.1998.

den POS/EOS im Volksbildungswesen hatten die Aufgabe, „sozialistische Persönlichkeiten" auszubilden, die mit solidem Wissen ausgestattet und zum selbständigen Handeln befähigt werden sollten. Vor allem sollten sie über ein von der Ideologie des Marxismus-Leninismus durchdrungenes Weltbild verfügen und als „Patrioten ihres sozialistischen Vaterlandes" auftreten. Diese Zielsetzungen fanden ihre Entsprechungen in den Lehrplänen der Schule und Erziehungsprogrammen der FDJ. Auch das Leistungssportsystem der DDR verlangte nach „sozialistischen Sportlerpersönlichkeiten", die später in den Arenen der Welt als „Diplomaten im Trainingsanzug" nicht für einen fiktiven, sondern für einen ganz realen „Klassenkampf" gestählt waren. Die rhetorische Einreihung der Spitzensportler in das diplomatische Corps der DDR verweist auf die herausragende Position, die den Sportlern zuerkannt wurde. Sie gehörten mit ihrem Eintritt in das Leistungssportsystem der DDR früh zu den gesellschaftlichen Spitzen und mussten entsprechend ihrer zukünftigen Rolle geformt werden. Sportliche und schulische Leistungen sowie das persönliche Auftreten und Verhalten der Schülerinnen und Schüler wurden so zum Indikator ihres politischen Bewusstseinsstandes erhoben. Die In- und Extensivierung des Trainings erforderte in der Tat eine hohe psychisch-moralische Trainingsbereitschaft von den jungen Talenten. Nur eine „sozialistische Sportlerpersönlichkeit", so die Ansicht der Sportfunktionäre, war durch außerordentliche Einsatzbereitschaft im Training und Wettkampf in der Lage, die Mühen zu bewältigen. Damit verfügte das Leistungssportsystem über ein ergänzendes Antriebsmoment: Denn nur „sozialistische Sportlerpersönlichkeiten" hatten schließlich auch das Anrecht auf die besondere leistungssportliche Förderung, die im Erfolgsfall Gratifikationen wie Reisen, hohe soziale Anerkennung und staatliche Privilegierung versprach. Das Talent ging mit dem Eintritt in das DDR-Leistungssportsystem unmerklich einen Handel ein: das sportliche Förderungsangebot war nur zum Preis hoher sportlicher und schulischer Leistungsbereitschaft sowie anhaltender politischer Anpassung im Sinne der Staatsideologie zu haben.[288]

Bevor jedoch das Verfahren der politisch-ideologischen Erziehung für zukünftige „Diplomaten im Trainingsanzug" im DDR-Leistungssport erfolgversprechend griff, mussten einige Jahre der Erprobung ins Land gehen. Auf Drängen des DTSB wurde das erzieherische Grundgerüst für die Talente an den Kinder- und Jugendsportschulen ab den 1970er-Jahren stärker auf die sportpolitischen Aufgaben zugeschnitten. Es wurde eine politisch-ideologische Erziehungskonzeption umgesetzt, die den KJS-Sportlern das nötige Rüstzeug vermittelte, um die DDR außerhalb der Landesgrenzen würdig vertreten zu können. Dies implizierte, dass sich die zukünftigen „Diplomaten im Trainingsanzug" ebenso sicher auf deutschlandpolitischem Terrain bewegten

288 Vgl. Wiese, Kaderschmieden, S. 548–551.

wie auf der Aschenbahn. Den Verlockungen des Westens, die in den 1950er-Jahren immer wieder zu „Republikfluchten" von Leistungssportlern geführt hatten, sollten sie ebenso widerstehen wie westlichen „Störversuchen und Provokationen". Die Abgrenzung gegenüber dem Westen war das entscheidende Leitmotiv.

Die DDR behauptete nach dem erfolgreichen Abschneiden der DDR-Olympiamannschaft 1968 (5. Platz), dass die jahrelange konsequente politisch-ideologische Formung des Olympiakaders zum erfolgreichen Abschneiden beigetragen habe.[289] 1970 hatten die Chef-Ideologen das Erziehungsziel für die olympischen Talente formuliert: „Ziel der Bildung und Erziehung ist die allseitige harmonische Entwicklung sozialistischer Persönlichkeiten, die ihr Leistungsstreben aus einem festen Klassenstandpunkt schöpfen, deren moralisches Antlitz von sozialistischen Charakterzügen geprägt ist und die in ihrer Sportart zu Welthöchstleistungen bereit und fähig sind."[290] Obwohl sich der Jahresarbeitsplan der KJS Leipzig (SC DHfK Leipzig/SC Leipzig) von 1970/71 als formelhafter Katalog liest, sollte die Wirkung, die auf eine loyale Haltung gegenüber dem SED-Staat zielte, nicht unterschätzt werden. Beim Lesen der folgenden Auszüge wird deutlich, was KJS-Schüler als „Kopfwäsche" oder politischen Drill verstanden. Verlangt waren „ein fester sozialistischer Klassenstandpunkt" und die „Liebe zur DDR – dem deutschen Friedensstaat", die „Treue zur SED", der „Hass" gegenüber den „westdeutschen und internationalen Imperialisten und Kriegsbrandstiftern", die „unerschütterliche Freundschaft zur UdSSR und anderen sozialistischen Ländern" und einiges mehr.[291]

Die Formel war recht einfach: für die DDR sportlich erfolgreich sein und sich den geforderten Verhaltensregeln unterwerten. Misserfolg, mangelnde Trainingsleistungen oder soziales Fehlverhalten wurden im Gegenzug als ideologische Verfehlung gedeutet. Eine Trainingsschwäche oder gar die Ablehnung des Dopingsystems konnte entsprechend dieser Denkweise als eine ungenügende politisch-ideologische „Festigkeit" des Athleten interpretiert werden.

So liegt zum Thema „Doping" ein Beispiel aus den Volksbildungsakten vor, wie per Indoktrination Einstellungen erzeugt werden sollten. Nach dem „Dopingfall Slupianek" (1977) wurde mit den Kindern und Jugendlichen der KJS Bad Blankenburg (SC Moto Jena) in einer Politschulung über das Thema „Doping im DDR-Sport" diskutiert. Ziel der Diskussion war es, die Schülerinnen und Schüler dahingehend zu überzeugen, dass der Dopingfall der Kugelstoßerin nur das Ergebnis einer westlich gesteu-

289 Ebd., S. 352.
290 Autorenkollektiv: Abriß zur Theorie und Praxis der sozialistischen Erziehung des Leistungssportlers der DDR, in: Theorie und Praxis des Leistungssports (1970), Beiheft, S. 1–245, S. 6.
291 Vgl. Jahresarbeitsplan 1970/71 (KJS Leipzig), 28.08.1970, S. 4, in: Sächsisches Staatsarchiv Leipzig, KJS Leipzig, Nr. 12.

erten Kampagne sein konnte. Auf den ersten Blick schien das Ergebnis am Ende der Diskussion die politische Konformität der Schülerschaft zu signalisieren: „Eindeutig ist die Haltung der meisten Schüler zu den Machenschaften gegen unsere Sportler (Doping-Slupianek).“[292] Dass es allerdings nicht gelang, auch die letzten Zweifler zu überzeugen, verdeutlicht der Hinweis des Hauptschulinspektors, dass „einige aber auch [meinten], dass vielleicht doch etwas dran sei.“[293] Gesunden Menschenverstand, Zweifel an den Polit-Kampagnen und auch Widerstand gegen die Einnahme von Dopingmitteln hat es unter den jungen Sportlern in Einzelfällen durchaus gegeben. Allerdings war das Ausmaß der persönlichen Auseinandersetzung mit den politischen Verhältnissen sehr unterschiedlich.

Zweifellos gelang es dem Staat langfristig, Einstellungsmuster und Motivationen zu prägen, die für das Erbringen leistungssportlicher Höchstleistungen von Vorteil waren. Obwohl zahlreiche ehemalige DDR-Athleten bis heute die politisch-ideologischen Schulungsprogramme als lästiges Beiwerk ebenso abtun wollen wie ihre frühere SED-Mitgliedschaft, ist doch häufig zu beobachten, dass viele ehemalige Spitzenstars rückblickend ein überaus positives, fast noch loyales Verhältnis zu ihrem ehemaligen Förderer aufbringen. Es ist ein Loyalitätsverhältnis, wie es als Erziehungsziel in den einstigen Schulungskonzepten festgehalten war.

Manipulation der Sportler – Rolle des Trainers

Man kann nach heutiger Kenntnislage einschätzen, dass die erwachsenen Sportler nur spärliche und ungenaue Informationen über die verabreichten Mittel bekamen. Eine spezifische Aufklärung über Wirkungsweise, Risiken und Nebenwirkungen fand in der Regel nicht statt. In Gegenwart des Trainers, der kaum über medizinisches Fachwissen verfügte, mussten die Mittel eingenommen oder durch die Ärzte per Spritze gesetzt werden. Die Sportler entwickelten allerdings wohl auch wenig Nachfrageneugier gegenüber Trainern und Ärzten, was auf das besondere Vertrauensverhältnis zwischen Trainer und Athleten im Spitzensport zurückzuführen ist. In den Zeugenvernehmungen der ZERV wird dieses besondere Verhältnis anhand vieler Aussagen hervorgehoben. So betonte eine Schwimmerin des ASK Vorwärts, die in den 1980er-Jahren in Potsdam sportlich ausgebildet wurde, „dass die Trainer für mich, also auch Herr [X], eine Autoritätsperson waren. Außerdem hatte ich ein gewisses

292 W. Peters/Hauptschulinspektion, Bericht über die Kontrolle des Internates der Kinder- und Jugendsportschule „Werner John“ in Jena (Bezirk Gera), 12.01.1978, S. 7, in: Bundesarchiv Berlin, MfV, DR 2/ 12060.

293 W. Peters/Hauptschulinspektion, Bericht über die Kontrolle des Internates der Kinder- und Jugendsportschule „Werner John“ in Jena (Bezirk Gera), 12.01.1978, S. 7, in: Bundesarchiv Berlin, MfV, DR 2/ 12060.

Vertrauensverhältnis zu ihnen und war der Meinung, dass was sie anordneten auch richtig war."[294] Eine andere Schwimmerin vom SC Dynamo Berlin sprach sogar davon, dass der Trainer „quasi eine Vaterfunktion"[295] innehatte.

In der Enzyklopädie „Körperkultur und Sport" wird der gesellschaftliche Auftrag des Trainers im DDR-Sport nicht nur über seine sportliche Rolle definiert: „Ein Trainer, der seinen gesellschaftlichen Auftrag erfüllen will, darf deshalb nicht nur einseitig das Leistungsvermögen des Wettkämpfers erhöhen, sondern muss gleichzeitig ihren Charakter formen, um eine sozialistische Leistungsbereitschaft zu schaffen."[296] Hieran wird deutlich, dass der Trainer neben seiner trainingswissenschaftlichen Expertise auch pädagogische Qualitäten im Sinne der „sozialistischen Erziehung" einzubringen hatte. In der täglichen Arbeit wurde über Jahre eine Beziehung zwischen Trainer und Athlet aufgebaut, die sich im Idealfall durch Vertrauen, Glaubwürdigkeit und Autorität auszeichnete. In der Rolle eines „Vertrauten", einer „Vaterfigur" kam dem Trainer deshalb eine systemische Funktion im Vergabesystem von Dopingsubstanzen zu. Die Vergabe wurde in das vertraute Trainingsumfeld gelegt und von medizinischen Settings entkoppelt.

Infolgedessen lautete beispielsweise die Erklärung von einigen vernommenen Sportlern, dass aufgrund des über Jahre entwickelten Vertrauensverhältnisses sich Nachfragen zur Dopingpraxis erübrigt hätten.[297] Die Trainer und Ärzte hatten auf dieser Basis ein leichtes Spiel zur Entwicklung von Vertuschungsstrategien. Die blauen Pillen wurden als „Vitamine und Mineralien", „Hilfe beim Training", „Hilfe zur Regeneration", „Medikamente zur Therapie von Erkrankungen" oder einfach als „unterstützende Mittel" (ohne Bezug zum Doping) bezeichnet.[298]

Das von den Sportlern beschriebene besondere Vertrauensverhältnis führte in einigen Fällen auch zur Verbrüderung zwischen Athleten und ihren Trainern, wenn es um die Absetzung von Dopingsubstanzen ging, die gemäß zentraler Dopingkonzeption weiter hätten eingenommen werden müssen. So gaukelten ein Spitzenschwimmer des SC Dynamo Berlin und sein Trainer der SC-Leitung monatelang vor, dass Dopingmittel im Trainingsprozess weiterhin eingesetzt würden, obwohl man diese längst

294 ZERV 222/28Js 1014/93, Fortsetzung der Zeugenvernehmung (Schwimmerin des ASK Vorwärts Potsdam), 11.03.1996, in: Landesarchiv Berlin, ZERV 222, D Rep. 120-02, Nr. 312.

295 Staatsanwaltschaft II beim LG Berlin, 28 Js 1014/93, Protokoll einer Zeugenvernehmung (Schwimmerin des SC Dynamo Berlin), 11.12.1996, in: Landesarchiv Berlin, ZERV 222, D Rep. 120-02, Nr. 318.

296 Herausgeberkollektiv (Hrg.): Kleine Enzyklopädie Körperkultur und Sport, Leipzig 1965, S. 204.

297 Vgl. M I 2, Vernehmungsprotokoll (Schwimmer des SC Dynamo Berlin), 27.02.1992, in: Landesarchiv Berlin, ZERV 222, D Rep. 120-02, Nr. 321, Bl. 134–136.

298 Vgl. Spitzer, Giselher: Wunden und Verwundungen. Sportler als Opfer des DDR-Dopingsystems. Eine Dokumentation, Köln 2007, S. 51ff.

abgesetzt hatte.[299] In den ZERV-Unterlagen ist noch ein weiteres Beispiel einer Leipziger Spitzenleichtathletin belegt: „Ich war mir mit Herrn [X] sofort einig, solche Mittel nicht zu nehmen. Seither waren solche ‚unterstützenden Mittel' für mich keinerlei Thema mehr."[300] Die ZERV-Ermittler konfrontierten die Athletin jedoch mit gesicherten Daten aus DDR-Dopingstudien, worin sie als gedopte Sportlerin gelistet war. Die DHfK-Sprinterin war sichtlich überrascht und betonte, „dass ich keine solcher Mittel genommen habe."[301] Obwohl es nahe liegt, dass die Athletin hier Schutzbehauptungen vorgetragen hat, lässt die Aussage auch den Schluss zu, dass ihr Trainer ihr die Dopingmittel heimlich verabreicht hatte. Ein solcher Bruch des Vertrauensverhältnisses ist häufig, gerade bei der heimlichen Vergabe von Dopingsubstanzen bei minderjährigen Sportlern, aufgetreten.

Eine verbreitetes Narrativ ist es zudem, die Handlungsweise auf den historischen Kontext des Kalten Krieges und des internationalen Dopinggeschehens zu schieben. Thomas Köhler, ehemaliger Olympiasieger im Rennrodelsport von 1964 und 1968, später DTSB-Vizepräsident, schrieb in seiner Biografie 2010, dass die Chancengleichheit für den DDR-Sport Anfang der 1970er-Jahre im Ost-West-Vergleich nicht mehr gewährleistet gewesen sei. Deshalb „entschied sich die damalige Sportleitung für den Einsatz ausgewählter anaboler Substanzen in einer Reihe von Sportarten. [...] Wenn also die DDR weiterhin im internationalen Sportgeschehen erfolgreich mithalten wollte, blieb ihr nichts weiter übrig, als den Einsatz von Dopingmitteln zu gestatten."[302]

Von den Sportlern wurde Loyalität zum Staat, der sie ja förderte, abverlangt. Der Akt der Vergabe von Dopingmitteln wurde hierbei quasi zu einem Lackmustest der politischen Haltung. Die Einnahme verbotener Substanzen machten die Verantwortlichen zu einer Frage der Staatsräson. In politisch-ideologischer Überzeugungsarbeit bearbeiteten Trainer und Funktionäre die Sportler, damit sich diese in keinerlei Gewissenskonflikten wiederfanden. Die sportlichen Interessen der Sportler wurden mit den staatlich-politischen Zielen des DDR-Leistungssports verquickt. Ein Schwimmer des SC Dynamo Berlin erinnerte sich bei einer Zeugenvernehmung der ZERV an die lapidare Erklärung für die Dopingvergabe: „Er (der Trainer, d. Verf.) drückte sich beim Überreichen in der Art aus, dass mich dieses Ding nach oben bringen wird, es wird überall auf der Welt gemacht und ich wusste auch, worum es sich bei dieser Pille handelte. Die Zusammensetzung kannte ich natürlich nicht und ich wusste auch nicht

299 M I 2, Vernehmungsprotokoll (Schwimmer des SC Dynamo Berlin), 27.02.1992, in: Landesarchiv Berlin, ZERV 222, D Rep. 120-02, Nr. 321, Bl. 134–136.
300 Staatsanwaltschaft Leipzig/Abt. I, Protokoll (Vernehmung einer Leichtathletin des SC DHfK Leipzig), 16.02.1993, in: Landesarchiv Berlin, ZERV 222, D Rep. 120-02, Nr. 320.
301 Staatsanwaltschaft Leipzig/Abt. I, Protokoll (Vernehmung einer Leichtathletin des SC DHfK Leipzig), 16.02.1993, in: Landesarchiv Berlin, ZERV 222, D Rep. 120-02, Nr. 320.
302 Köhler, Zwei Seiten der Medaille, S. 191.

um welches Medikament es sich bei dieser blauen Pille in der Zusammensetzung handelt. Es war mir aber zu diesem Zeitpunkt klar, was ich da einnahm, es sollte ja meine Leistungen steigern und ich wollte ja auch persönlich weiter im Schwimmsport nach oben. Es war ja eine Motivation bei mir vorhanden." [303]

In einem Interview berichtete der Spitzenschwimmer Rayk Hannemann davon, dass DTSB-Präsident Manfred Ewald sich 1986 bei einem Treffen der Olympiakader persönlich vor die Nationalmannschaft stellte und den Dopingeinsatz im DDR-Sport zum ideologischen Kampf ausrief und damit legitimierte. Ewald sagte, dass überall auf der Welt mit Doping gearbeitet werde und die DDR auf keinen Fall im Wettkampf der Systeme an Boden verlieren dürfe.[304] In bewährter Manier wurde mithilfe der politisch-ideologischen Keule gearbeitet. Stellten sich trotzdem Gewissensnöte bei den Aktiven ein, hing das Damoklesschwert einer möglichen Ausdelegierung über ihnen, da mit der Verweigerung ein Ausschluss aus dem Leistungssport drohte.[305] In manchen Phasen der Dopingpraxis entschieden die Verantwortlichen aber auch pragmatisch, wie ein Beispiel aus den 1970er-Jahren zeigt. Sybille Reinhardt (SC Einheit Dresden), Olympiasiegerin im Rudern von 1976, berichtet in ihrer Biografie davon, sich Mitte der 1970er-Jahre der Einnahme von Anabolika verweigert zu haben. Dieser Loyalitätsbruch, zugleich ein potentielles Sicherheitsleck, hätte in der Logik der Dopingplaner zum Ausschluss aus dem Leistungssportsystem führen müssen. Sybille Reinhardt, wie auch die Erfolgsruderin Christine Scheiblich, konnten jedoch im noch jungen Frauen-Rudersport nicht so schnell durch nachrückende Talente ersetzt werden wie etwa im bereits etablierten Schwimmsport. Aus diesem Grunde konnten die beiden, wie Reinhardt in ihrer Biografie beschreibt, den „an Nötigung grenzenden Kopfwäschen"[306] widerstehen und mit ihren Leistungen bei internationalen Wettkämpfen den Verbleib im Leistungssportsystem durchsetzen. Opponieren in einer solchen Situation hieß, die privilegierte Karriere an den Sportclubs als auch an den KJS aufs Spiel zu setzen. Zudem konnte man auf einen Schlag nicht nur die sportlichen Träume, sondern auch die in greifbarer Nähe befindlichen Sonderrechte wie Auslandsreisen und Prämien ad acta legen. Denn Leistungssport auf diesem Level war ausschließlich in den modernen Leistungszentren des DDR-Sports, den Sportclubs und Kinder- und Jugendsportschulen möglich. Darüber hinaus stellte

303 M I 2, Vernehmungsprotokoll XY (Schwimmer des SC Dynamo Berlin), 27.02.1992, in: Landesarchiv Berlin, ZERV 222, D Rep. 120-02, Nr. 321, Bl. 134–136.

304 Vgl. „Wir hatten keine andere Chance – so einfach war das!" Interview mit dem ehemaligen DDR-Auswahlschwimmer Rayk Hannemann, in: Seppelt/Schück, Anklage Kinderdoping, S. 148.

305 Siehe Fall einer TSC-Sprinterin hier im Beitrag, Treffbericht IMV „Technik", 1976, in: BStU, MfS, XV 2672/65, Bd.2, S. 193ff. Zit. n. Berendonk/Franke, Hormondoping als Regierungsprogramm, hier S. 182, Fußnote 38.

306 Vgl. Reinhardt, Sybille: Schattengold. Eine Olympiasiegerin erzählt, Taucha 2008, S. 34.

die DDR jährlich in den 1980er-Jahren ca. 30 Millionen DDR-Mark, davon 5,5 Millionen an Prämien, für ca. 4000 aktive und aus dem Leistungssport ausgeschiedene Sportler (Fördersportler) zur Verfügung. Das dem Staatssekretariat für Körperkultur und Sport angebundene „Büro zur Förderung des Sports in den Betrieben" lenkte in Zusammenarbeit mit den Sportverbänden, Sportclubs, KJS, Universitäten und Ausbildungsbetrieben die exklusive Schul- und Berufsausbildung. Gratifikationen und Bildungsprivilegien, wie Zugang zu den raren und begehrten Studienplätzen in der DDR, waren mit einer erfolgreichen Karriere als „Diplomat im Trainingsanzug" gesichert. Der Besuch einer KJS offerierte enormes gesellschaftliches Aufstiegspotential.[307] Die Verweigerung von Doping bedeutete auch, diese Perspektive aufzugeben.

Fehlender Schutzraum: Leben an den Kinder- und Jugendsportschulen

Nach Auswertung der MfS-Akten sind von den DDR-Sportmedizinern noch vor Ende der DDR folgende Schäden und Nebenwirkungen diagnostiziert worden: Tonuserhöhung der Skelettmuskulatur, Muskelkrämpfe, Regeltempostörungen oder gar Ausbleiben der Menstruation, Akne, Veränderungen in Libido, Potenz und Fertilität bis zu funktionellen und morphologischen Leberstörungen. Aber auch Leberschäden, Eierstockzysten, Nymphomanie, Stopp des Körperwachstums bei Kindern, starker Haarwuchs an Oberschenkeln, Körperstamm und im Gesicht bei Frauen, Wachsen von Brüsten (Gynäkomastie) bei Männern.[308] Die Daten zur Erstanwendung von Dopingmitteln lassen sich aufgrund fehlender Dokumente nicht quantifizieren. Einsichten liefern Befragungen und Einzelbeispiele. Die 2007 von Gieselher Spitzer vorgelegte Studie zu Opfern des DDR-Dopings fördert ernüchternde Erkenntnisse in der Frage des Minderjährigendopings zutage. Die Befragung von 52 Dopingopfern ergab, dass der Zeitpunkt der Erstanwendung von Dopingmitteln bei allen (!) vor dem achtzehnten Lebensjahr lag.[309]

Gerade an dieser Stelle muss nach der Verantwortung des Volksbildungswesens mit seinen Schulfunktionären, KJS-Direktoren, KJS-Sportlehrern sowie Lehrern und Internatserziehern gefragt werden. Die Lehrer und Erzieher hatten neben den Trainern den täglichen Kontakt mit den Kindern und Jugendlichen – erfüllten fast elterliche Aufgaben. Haben sie die körperlichen Veränderungen gerade bei den Mädchen nicht wahrgenommen? Geht man der Frage der Verantwortung nach, bleiben die historischen Quellen weitgehend stumm. In einer Studie zur KJS-Geschichte konnten signifikante Ergebnisse zum Versagen eines „Schutzraums KJS" gegenüber der

307 Vgl. Wiese, Kaderschmieden, S. 500f.
308 Berendonk/Franke, Hormondoping als Regierungsprogramm, S. 182.
309 Spitzer, Wunden und Verwundungen, S. 30f und 46ff.

Dopingpraxis offengelegt werden. Die meisten der befragten Pädagogen gaben an, dass Doping in ihrem Wirkkreis nicht wahrgenommen worden sei. Diese Behauptung ist angesichts heutiger Erkenntnisse jedoch erstaunlich und fragwürdig. Es ist anhand der sichtbaren körperlichen Veränderungen, gerade im Mädchen- und Frauensport, schwer zu glauben, dass die Pädagogen nicht in irgendeiner Weise in Berührung mit der Doping-Problematik kamen.[310] Ein KJS-Direktor, der nicht genannt werden wollte, wurde beispielsweise Mitte der 1970er-Jahre von einem öffentlichen Krankenhaus darüber informiert, dass ein junger Leichtathlet seiner Schule mit einem akuten Leberschaden eingeliefert wurde und somit die Frage nach der Ursache für die Krankheit nicht mehr zu verheimlichen war. Kurze Zeit später wurde er von seinem Posten abgelöst: Er hatte sich nach eigener Aussage intern zu kritisch gegenüber der Dopingpraxis nach diesem Vorfall geäußert.[311] Sucht man nach möglichen Berührungspunkten, die KJS-Lehrer mit dem Dopingsystem haben konnten, so ist es durchaus naheliegend, dass sich Schülerinnen und Schüler den Lehrern und Erziehern anvertrauten oder dass die Pädagogen selbst die körperlichen Veränderungen wahrnahmen. Zudem müsste aufgefallen sein, dass plötzlich Sportlerinnen und Sportler ohne kaderpolitische Fehltritte aus den Sportclubs ausdelegiert wurden, die vor kurzem noch als hoffnungsvolle Talente galten oder sogar für die Füllung des Medaillenkontos bei internationalen Meisterschaften gesorgt hatten. An wenigen Stellen scheint auf, dass die damaligen Pädagogen sich in einem ähnlichen Gewissenskonflikt befanden, die dem repressiven Agieren der Verantwortungsträger im Sport zugrunde lag. Einerseits besaßen sie die Fürsorgepflicht gegenüber ihren Schützlingen, waren aber andererseits zur Loyalität aufgefordert und konnten bei Zuwiderhandlungen sogar aus dem auch für Lehrer privilegierten Arbeitsfeld der Kinder- und Jugendsportschulen ausgeschlossen werden, wie ein Fallbeispiel aus Berlin zeigt. Im Jahr 2001 schilderte der ehemalige Direktor der KJS „Werner Seelenbinder“ Berlin, Erich Vogler, dem Autor das Gefühl der persönlichen Ohnmacht angesichts der Doping-Praxis. „Was hätten wir denn machen sollen?“[312] Als Vogler auf den Sportclub zuging und einen Doping-Fall klären wollte, der seiner stellvertretenden Direktorin [Y] durch eine Schülerin anvertraut worden war, blies ihm ein scharfer Wind entgegen. Der Sportclub Dynamo signalisierte klar, dass sich die Schule aus dieser Angelegenheit herauszuhalten habe und forderte Loyalität ein, was er seiner Stellvertreterin auf dem Dienstweg weitergab. Da sich jedoch die Pädagogin nicht an diese Anweisung hielt und auf

310 Vgl. Wiese, Kaderschmieden, S. 485f.

311 Vgl. Interview KJS-Direktor [X], 00.00.2000, in: PA Wiese, Gedächtnisprotokoll. Die Anonymisierung fand auf Wunsch des Zeitzeugen statt.

312 Interview des Autors mit Erich Vogler (Direktor der KJS Werner-Seelenbinder Berlin 1964–1990), 27.03.2001, in: PA Wiese.

einer Klärung beharrte, wurden die Hebel der Macht konsequent bedient. Die unbequeme Kollegin wurde von der Schule entfernt, was auch als beispielhaftes Signal der Disziplinierung für das Kollegium gelten konnte.[313] Die stellvertretende Schulleiterin unterstrich bei der Zeugenbefragung durch die ZERV diesen Umstand, indem sie bei der Konfrontierung mit dem Fall aussagte, dass sie „aus politischen Gründen 1980 von der Schule abberufen“[314] wurde. Zumindest dürfte an diesem Punkt hinter vorgehaltener Hand das KJS-Kollegium über die Dopingpraxis informiert gewesen sein.

Gerade die KJS-Direktoren befanden sich in einem Dilemma. Eigentlich hätten sie als Leiter der Einrichtung klare Impulse für eine pädagogische Verantwortung und Fürsorge gegenüber ihren Schutzbefohlenen an das KJS-Personal ausgeben müssen. Die Schule mit ihrem Kollegium fungierte quasi als Elternersatz. An dieser Stelle versagte das System. Die apathische Haltung in der KJS-Führungsetage bezüglich der Doping-Frage lud die Doping-Planer geradezu dazu ein, das Doping-System auf Minderjährige auszuweiten, da kein nennenswerter Widerstand auf schulischer Ebene zu erwarten war. Gerade die KJS-Direktorenschaft des letzten Jahrzehnts, die in jahrelanger Auswahl und Schulung ideologisch geformt worden war, agierte als loyaler Teil des DDR-Leistungssportsystems und nicht als Pädagogen. Dies kann ebenso von den Lehrerkollegien behauptet werden. Gerade anhand der SED-Mitgliedschaft der Lehrerschaft an den KJS lässt sich eine überaus loyale Einstellung ablesen. Während in den 1960er-Jahren die SED-Mitgliedschaft der KJS-Kollegien zwischen 31–54 % lag, können in den 1970er-Jahren zuweilen deutliche Zuwächse ausgemacht werden. Während an der KJS Karl-Marx-Stadt 1976 bereits 46 % des Kollegiums das SED-Parteibuch besaßen, waren es an der KJS Zella-Mehlis sogar 75 %. Die parteiliche Sonderstellung der KJS im Volksbildungswesen ist allein an diesen Mitgliederzahlen ablesbar. Sie lagen DDR-weit über dem Durchschnitt des gesamten pädagogischen Personals der Volksbildung (1971: 33,2 %). Ideologische Überzeugung und Parteidisziplin scheinen das Handeln der KJS-Lehrer in Fragen der Dopingpraxis mehr geleitet zu haben als pädagogische Prinzipien. Der durch das Parteilehrjahr und andere Institutionen langfristig gefestigte Glaube an das „Gute im Sozialismus“, der eine Anabolika-Vergabe an Minderjährige als eine unerhörte Propaganda des Westens erscheinen lassen musste, legte sich wie eine Starre über die KJS-Kollegien. Analoge Denkmuster, wie sie der DDR-Schwimmtrainer Michael Regner vom ASK Vorwärts Potsdam beschreibt, sind bei den KJS-Pädagogen durchaus zu vermuten: „Dass solche Mittel im DDR-Sport verwendet werden könnten, hielt ich damals für undenkbar. [...] Ich war überzeugter Kommunist. [...] Ich habe an die Partei geglaubt, an den Staat,

313 Interview des Autors mit Erich Vogler (Direktor der KJS Werner-Seelenbinder Berlin 1964–1990), 27.03.2001, in: PA Wiese.
314 ZERV 222, Vermerk, 31.05.1994, in: Landesarchiv Berlin, D Rep. 120-02, Nr. 310.

an die Gesellschaft. Deshalb faszinierte mich gerade der Leistungssport: eine absolut starke Sache, eine ehrliche Sache; ein Gebiet, auf dem der Sozialismus stets bewiesen hat, dass er das bessere System ist."[315]

315 Zit. n. Berendonk, Doping Dokumente. Von der Forschung zum Betrug. Reinbek 1992, S. 72.

Kapitel 3: Fußball und Dopingpraxis in der DDR – eine Bestandsaufnahme

René Wiese

In der Diskussion um die Aufarbeitung des Dopingsystems in der DDR ist zu bemerken, dass die populärste Sportart in der DDR, der Fußballsport, kaum reflektiert wird. Dies mag zum einen damit zusammenhängen, dass die Gerichtsprozesse zur juristischen Aufarbeitung der DDR-Dopingvergangenheit zwischen 1998 und 2000 keinerlei Urteile gegen Beteiligte aus dem Fußballballsport gesprochen haben. Zum anderen gilt in Fußballkreisen vehement das Narrativ, dass Dopingmittel im Fußballsport kontraindiziert wären, da Dopingmittel in dieser Sportart „nichts bringen“ würden. In der bundesdeutschen Öffentlichkeit wird seit Jahrzehnten von Verantwortungsträgern des Fußballs diese These vertreten, wie 2018 vom damaligen Teamarzt der deutschen Nationalmannschaft und des FC Bayern München, Hans-Wilhelm Müller-Wohlfahrt. Er verkündete in der Wochenzeitung „Die Zeit“, dass die Einnahme von Dopingmitteln, beispielsweise zur Vergrößerung der Muskelmasse, den Fußballern nichts bringen würde, „denn dann würden sie zu schwer werden. Die Elastizität ginge verloren, wie auch die Flexibilität und die Leichtigkeit.“[316] Auch der für den Fußballsport diskutierte Einsatz von Stimulanzien wurde von Müller-Wohlfahrt klein geredet und als Absurdum abgetan. Wenn ein Spieler Stimulanzien einnehme, sei er danach erschöpft und erleide im nächsten Spiel einen Leistungsabfall. Solche Äußerungen werden und wurden von ehemaligen DDR-Fußballtrainern und Mannschaftsärzten gern als Entlastung aufgefasst, die ebenfalls behaupten, dass der Einsatz von Dopingmitteln damals ebenso wie heute keinerlei Einsatzberechtigung im Fußballsport hätte. Doch steht dies heute wie damals im Widerspruch zur Meinung vieler Experten, und, bezogen auf den DDR-Fußball, auch zu Funden in den Archiven und Äußerungen ehemaliger Fußballspieler aus der DDR. Denn im Fußballsport spielen je nach Spielertyp oder Position auf dem Feld konditionelle Fähigkeiten wie Kraft, Schnelligkeit oder Ausdauer, wenn auch anders als im Schwimmen oder in der Leichtathletik, in komplexer Form eine Rolle. Der leistungssteigernde Effekt wäre durch die Einnahme von Substanzen wie Steroiden oder anderer Pharmaka auch im Fußball wirksam. Gerade im Bereich der Regeneration in schweren Trainingsphasen und der Rehabilitation nach Verletzungen helfen Steroid-Substanzen auch im Fußballsport.

---

316 Vgl. „Ich kann nicht verlieren“. Interview mit Hans-Wilhelm Müller-Wohlfahrt, in: Die Zeit v. 19.05.2018, S. 3.

Im Jahr 2018 veröffentlichte der Dopingopfer-Hilfeverein eine anonymisierte Liste mit zwölf Geschädigten, die im DDR-Fußball höherklassig aktiv waren. Die Spieler aus zehn verschiedenen Spitzenvereinen waren zu jenem Zeitpunkt zwischen 47 und 60 Jahre alt, wodurch ihre Karrieren in die Zeit von Ende der 1970er- bis Ende der 1980er-Jahre zu verorten wären. Einige von ihnen kickten noch in den Junioren-Mannschaften des FC Hansa Rostock, des FC Rot-Weiß Erfurt und des 1. FC Lok Leipzig. Die Betroffenen litten nach Aussage des DOH unter teils erheblichen gesundheitlichen Schäden, die sie auf die Einnahme leistungssteigernder Mittel während ihrer aktiven Karriere zurückführten. Einige der Betroffenen hätten berichtet, dass sie Tabletten und als Vitamincocktail deklarierte Getränke bereits im Juniorenalter einnehmen sollten. Ein Spieler der SG Dynamo Dresden gab an, sogar bereits mit 17 Jahren Oral-Turinabol vom Trainer bekommen zu haben, um eine bessere Grundschnelligkeit und Athletik zu erreichen. Ein anderer Dresdner erklärte, dass die gesamte Mannschaft „auf Droge" gewesen sei. Die Aussagen eines Fußballers des FC Vorwärts Frankfurt/O., dass auch Schmerzmittel zum Einsatz kamen oder, wie von einem BFC-Dynamo-Spieler berichtet, dass vor Spielen mit Höhepunktcharakter gar Spritzen gesetzt wurden, bestätigen, dass die DDR-Dopingpraxis auch den DDR-Fußball durchdrungen hatte.[317]

Anfänge und Aufputschmittel: Erste Belege Mitte der 1960er-Jahre

Obwohl die Quellenlage zur Bearbeitung des Fußballsports als Feld der DDR-Dopingpraxis vergleichsweise schmal ausfällt, hat die historische Forschung bisher überzeugende Daten erhoben:

Zunächst einmal konstatierte Manfred Höppner in einem Bericht vom 3. März 1977, dass gegenwärtig „in allen olympischen Sportarten mit Ausnahme von Segeln und Turnen (weiblich)" anabole Hormone angewandt würden, und zwar bei „fast allen Kadern der Kaderkreise I und II bzw. A und B, d.h. bei allen Nationalmannschaftskadern der Sportverbände" – mithin dürfte auch der Fußball hier inkludiert gewesen sein.[318]

Ein erster Beleg für die Anwendung von Dopingpräparaten im DDR-Fußball geht nach Spitzer auf Mitte der 1960er-Jahre zurück. Dieser Zeitraum gilt als Experimentierphase oder präanabole Phase im DDR-Doping. Spitzer zitiert aus einem IM-Bericht (IM „Ernst Lache"). Der IM Rudolf Müller ist stellvertretender Chefarzt des SMD und pharmazeutischer Experte für den Einsatz von Aufputschmitteln. Der Bericht gibt an, dass vor dem WM-Qualifikationsspiel der DDR gegen Österreich beim ungarischen

317 Vgl. Doping im Fußball, in: Sächsische Zeitung v. 03.06.20218, in: https://www.saechsische.de/doping-im-ddr-fussball-3947975.html?utm_source=szonline /Zugriff: 23.02.2023.

318 Treffbericht IM Technik vom 3.3.1977, zit. nach Spitzer, Doping in der DDR, S. 379.

Nationaltrainer der DDR, Karoly Sos, die Nerven blank liegen.[319] Sos, der nach zwei gescheiterten Qualifikationsturnieren 1961 das DDR-Team übernahm und sich in zwei weiteren danach weder für eine Europa- noch Weltmeisterschaft qualifizieren konnte, will die DDR-Nationalmannschaft für die WM 1966 auf die Erfolgsspur bringen. Qualifikationsgegner sind jedoch erneut sowohl die starken Ungarn als auch Österreich. Der IM berichtet, dass Sos medizinische Unterstützung von Seiten des SMD für das Sommertrainingslager in Kienbaum anforderte. Sos will sich mit dem IM über Möglichkeiten „beraten, die Leistungsfähigkeit einiger Spieler durch ärztliche Maßnahmen zu erhöhen. In Übereinstimmung mit dem Trainer wurde den Spielern (drei im Original genannt) das Präparat Hemostyl verabreicht. Einschließl. XX erhielten diese Spieler vor dem Spiel pervitinähnliche Tabletten und die übrige Mannschaft, außer P. Ducke, eine dieser Tabletten. Die Leistungskurve aller Spieler war während des Spieles sehr konstant. Die Maßnahmen der Vorbereitung unserer Spieler erfolgten zusammen mit Dr. Eckardt (Arzt der DDR-Nationalmannschaft, d. Verf.), der von sich aus nicht über die pharmazeutischen Voraussetzungen verfügt, alleine diese Maßnahmen zu treffen."[320]

Nach diesem Experiment, das die Leistungskurve der Spieler verbesserte, wurde trotz des Unentschieden (1:1) gegen Österreich (09.11.1965) im nächsten Qualifikationsspiel gegen Ungarn erneut auf die Strategie mit Aufputschmitteln gesetzt. Allerdings geriet das Vorhaben am 09. Oktober 1965 zu einer Slapstick-Nummer. Der in Budapest eingesetzte SMD-Chef Welsch hatte den Spielern versehentlich ein falsches Mittel verabreicht, sodass ihr Auftritt eher schläfrig wirkte oder wie der IM „Ernst Lache" berichtete, dass die Spieler, „wenn sie eine Kuhle gefunden hätten, sich während des Spiels gern reingelegt hätten, um zu schlafen". [321] Im nächsten Qualifikationsturnier zur Fußball-Europameisterschaft 1968 setzte der DDR-Fußball-Verband mithilfe des SMD erneut auf Stimulanzien. In der Hoffnung, dass sich das DDR-Team nun für ein großes Turnier qualifizieren würde, wurde nach Aussage des IM „Ernst Lache" im März 1967 vor dem Spiel gegen die Niederlande nach ähnlichem Muster wie 1965 verfahren und die Spieler mit Aufputschmitteln versorgt.[322]

---

319 Vgl. Spitzer, Giselher: Doping in der DDR. Ein historischer Überblick zu einer konspirativen Praxis, Köln 1998, S. 10f.

320 GHI „Ernst Lache", Treffbericht, 09.11.1965, in: BStU, MfS, ZA MfS A-479/85, Teil II, Bd. 3, S. 52.

321 GHI „Ernst Lache", Treffbericht, 26.09.1966 bzw. 05.10.1966, in: BStU, MfS, ZA MfS A-479/85, Teil II, Bd. 3, S. 105f. Zit. nach Spitzer, Doping in der DDR, S. 11, 235f. Spitzer verortet das Spiel ungenau, nach seiner Darstellung in das Jahr 1966. Allerdings hat in jenem Jahr kein Spiel gegen Ungarn stattgefunden, sodass hier das Qualifikationsturnier für die WM 1966 wohl gemeint war. Das Spiel gegen Ungarn fand am 09.10.1965 in Budapest statt. Der IM berichtete dem MfS mit zeitlicher Verzögerung über diesen Fauxpas seines Chefs.

322 Vgl. GHI „Ernst Lache", Treffbericht, 06.04.1967, in: BStU, MfS, ZA MfS A-479/85, Teil II, Bd. 3, S.134. Siehe ebenso: Spitzer, Doping in der DDR, S. 11.

Eine weitere Episode der Doping-Geschichte des DDR-Fußballs ist mit der versuchten Stimulanzien-Vergabe im Jahr 1968 belegt. Für die DDR-Nationalmannschaft stand das Duell mit dem Bruderland Bulgarien im Rahmen der Qualifikation für die Olympischen Spiele 1968 an. Aufgeladen war die Begegnung, da sich die DDR unbedingt für das olympische Fußball-Turnier in Mexiko qualifizieren sollte. Erstmalig durften die Ostdeutschen als eigene olympische Nation antreten und wollten deshalb auch im Fußball von sich hören lassen. Ihr Gegner Bulgarien, WM-Teilnehmer 1966, war jedoch eine hohe Hürde. Die Nationalelf hatte bei acht Begegnungen gegen die Bulgaren in der Vergangenheit erst einmal gewinnen können. Deshalb sollten bereits beim Auswärtsspiel im bulgarischen Stara Zagora Aufputschmittel Anwendung finden. Nach Angabe des IM „Ernst Lache" wurde dies „aus Angst" vom SMD-Chef Welsch persönlich verboten, doch für das Rückspiel in Leipzig „zugesagt".[323] Das Hinspiel in Bulgarien ging mit 4:1 verloren, sodass nun die letzten Trümpfe gezogen werden sollten. Vom stellvertretenden Chefarzt des SMD, Rudolf Müller, wurde die Medikation vor dem Spiel planmäßig vorbereitet. Doch nahm das Geschehen eine ungeahnte Wendung. Kurz vor dem Spiel untersagte DTSB-Präsident Ewald, als er von der geplanten Vergabe erfuhr, die Anwendung. Als SMD-Arzt Müller kurze Zeit später von der Entscheidung erfuhr, musste er die vorbereiteten Medikamente vernichten. Das Spiel endete mit einem knappen Sieg (3:2), was jedoch nicht für die Qualifikation für Mexiko reichte. Der IM machte jedoch im Bericht an seinen Führungs-IM eine interessante Bemerkung, die auf eine systematische Vergabe von Stimulanzien an die DDR-Nationalmannschaft bei wichtigen Spielen in den 1960er-Jahren hindeutet. „‚Ernst Lache' schätzt ein, dass wir möglicherweise den Leistungsabfall in der 2. Halbzeit in Leipzig hätten ausgleichen und gewinnen können (gemeint ist hier im Ergebnis der beiden Spiele, d. Verf.), zumal die Fußballer bisher in dieser Art vorbereitet wurden."[324]

Die Hochzeit des DDR-Fußballs (WM 1974 und Olympiasieg 1976): die physisch starken Mannschaften der 1970er-Jahre

In den 1970er-Jahren wurde der Fußball immer stärker in das Dopingsystem der DDR eingebunden. Der Einsatz von Anabolika, die den DDR-Sport zukünftig begleiteten, machte vor dem Fußball nicht halt. Das sportliche Ziel war es, die DDR-Nationalmannschaft endlich konkurrenzfähig zu machen und nicht nur im olympischen Fußball erfolgreich zu sein.

---

323 GHI „Ernst Lache", Treffbericht, 23.05.1968, in: BStU, MfS, ZA MfS A-479/85, Teil II, Bd. 4, S.9. Siehe ebenso: Spitzer, Doping in der DDR, S. 237.

324 GHI „Ernst Lache", Treffbericht, 23.05.1968, in: BStU, MfS, ZA MfS A-479/85, Teil II, Bd. 4, S.9. Siehe ebenso: Spitzer, Doping in der DDR, S. 237.

Während im Hinblick auf die olympischen Spiele 1972 das Dopingsystem der DDR an Fahrt aufnahm, war der Einsatz von anabolen Steroiden wie Oral-Turinabol im Fußball wohl anfänglich zögerlicher. Insbesondere ist anhand von Zeitzeugenaussagen zu erkennen, dass der DFV den Fokus des Einsatzes von Dopingmitteln auf den Spielerkreis der Nationalmannschaft und der DDR-Teams, die im Europapokal vertreten waren, konzentrierte. So berichtet ein Zeitzeuge, dass im Vorfeld der Fußball-WM 1974 in Trainingslagern den Nationalspielern die blauen Pillen „angeboten" wurden.[325] Selbiges wiederholte sich auch im Vorfeld der Olympischen Spiele 1976, wo sich die DDR-Nationalmannschaft im späteren Turnierverlauf die Goldmedaille erspielte. In den vorbereiteten Trainingslagern für die DDR-Nationalspieler in Kienbaum erhielten die Spieler im Zyklus einer Woche vier bis fünf Tabletten Oral-Turinabol verabreicht. Die anfängliche Legende der Trainer und Ärzte, dass es sich hierbei um Vitaminpräparate handelte, wurde nach Zeitzeugenaussage von den Spielern schnell infrage gestellt. Die Spieler nahmen nach Aussage eines Zeitzeugen XX (Nationalspieler der SG Dynamo Dresden) wohl war, welche Wirkung diese Präparate auf sie hatten. Da sich beispielsweise ein anderer Dresdner Nationalspieler XY nach der Einnahme muskulär verletzte, zögerten einige Spieler mit der weiteren Tabletteneinnahme. Nach Aussage des Zeitzeugen XX konnte „man damit nicht richtig umgehen, weshalb du schnell zu Zerrungen neigst."[326] Die Einnahme wurde jedoch rechtzeitig vor den Olympischen Spielen in Montreal abgesetzt, sodass die Spieler sauber in Kanada anreisten.[327]

Im Jahr 2013 äußerte sich der Kapitän der DDR-Fußballnationalmannschaft von 1974, der Hallenser Bernd Bransch (HFC Chemie) auf Nachfrage zum Dopingthema. Er gab an, dass erste Experimente mit Doping Ende der 1960er-Jahre stattgefunden hätten: „Zu bestimmten Zeiten wurde etwas versucht. [...] Ich bin überzeugt davon, dass es probiert wurde, ohne die Spieler zu informieren. Geredet wurde nie darüber. Wir haben Tabletten bekommen, von denen wir nicht wussten, wofür oder wogegen die waren. Es hieß, es seien Vitamine", sagte Bransch. Obwohl er im gleichen Interview einräumte „nie etwas genommen zu haben"[328], verweist dieses Beispiel darauf, dass Bransch sich mit der möglichen Vergabe von Dopingmitteln beschäftigte. Das

325 Interview des Autors mit XY (DDR-Nationalspieler des 1. FC Magdeburg), 10.10.2015, in: PA Wiese. Der Spieler betonte jedoch, dass er die blauen Tabletten, die ihm zusammen mit einem Mitspieler angeboten wurden, nicht eingenommen habe. Auch an die genaue Dosierung konnte er sich nicht mehr erinnern.

326 Interview des Autors mit XY (DDR-Nationalspieler der SG Dynamo Dresden, 29.11.2015, in: PA Wiese.

327 Vgl. Interview des Autors mit XY (DDR-Nationalspieler der SG Dynamo Dresden, 29.11.2015, in: PA Wiese.

328 Vgl. Karpe, Christoph: Doping im Fußball: „Es wurde etwas versucht", in: Mitteldeutsche Zeitung, 14.09.2013.

Abprüfen des eigenen Erfahrungshintergrundes und die Auseinandersetzung mit der Unkenntnis darüber, dass möglicherweise schädigende Medikamente heimlich verabreicht wurden, mögen die Sportler bis heute begleiten.

Die Frage, ob der DFV hier bereits konkrete Dopingkonzeptionen anwendete, kann bisher für die 1970er-Jahre nicht beantwortet werden. Da die „blauen Pillen" in den Trainingslagern der DDR-Nationalmannschaft die Runde machten, kann davon ausgegangen werden, dass das Anwendungsziel im konditionellen Bereich lag. In jener Zeit war im DDR-Spitzenfußball zu beobachten, dass die DDR-Auswahlmannschaften durch hohe physische Kraft und Laufbereitschaft auffielen. DDR-Spieler, denen man Weltklasse attestieren konnte, waren rar gesät. Talente, die brillante Technik, Spielkultur und enorme Physis miteinander verbanden, waren im DDR-Fußball nur noch selten zu finden. Schuld daran waren die neuen Sichtungsmethoden im gesamten DDR-Leistungssportsystem. Bevor man einen zweiten Peter Ducke oder Dixie Dörner finden konnte, waren jene potenziellen Fußball-Talente längst aufgrund des Sichtungssystems bei den Schwimmern oder Ruderern gelandet. Eine Ausbildungsstrategie setzte deshalb in Abwägung zwischen einer individuellen technischen Ausbildung (z. B. Balltechnik) und konditionellen Fähigkeiten der Spieler verstärkt auf die physische Ausbildung der Talente: Abbild dieser Strategie war die Nationalmannschaft als ein Kollektiv des physisch starken Fußballs. Die auf Erfolgsoptimierung ausgerichtete DDR-Sportwissenschaft offerierte aufgrund von Erfolgsmodellen aus anderen Sportarten eine neue Trainingskultur im Fußball und ließ dies durch den DFV dirigistisch umsetzen. So mussten Trainingspläne aus fußballfremden Sportarten auf den Fußball übertragen werden. Die Clubtrainer hatten deshalb vermehrt mit ihren Schützlingen im physischen Bereich (Grundlagenausdauer oder Sprintausdauer) zu arbeiten. Vor diesem Hintergrund wäre der Einsatz von anabolen Steroiden im Trainingsprozess bei hohen Umfängen im konditionellen Bereich im Fußball erklärbar gewesen.

Aber auch auf Clubebene begann der Einsatz von Dopingmitteln. Hierbei spielte der DDR-Fußball-Verband (DFV) beim Transfer von Dopingwissen eine wichtige Rolle. Der in den 1960er-Jahren bei der DDR-Nationalmannschaft tätige Arzt Heinz Eckhardt, der die Vergabe von Stimulanzien durch den SMD-Arzt Rudolf Müller kannte, war ebenso jahrelang Mannschaftsarzt beim SC Magdeburg/1. FC Magdeburg. Über ihn berichtete der ehemalige Clubvorsitzende des 1. FC Magdeburg, dass auch unter Eckhardt Doping eine Rolle spielte. Im Interview mit dem Autor äußerte er sich zum Ziel des Einsatzes von Dopingmitteln beim 1. FC Magdeburg: „[...] da wurden dann Mittel wirksam, wo wir sagten, Fußball ist nach den neuesten Erkenntnissen auch eine Sportart, wo man [...] auch Ergebnisse nachweisen könnte." Um dies zu untermauern, berichtete er von einem Fall aus den 1970er-Jahren, als ein wichtiger Spieler des 1. FC Magdeburg aufgrund zu hoher Laborwerte den obligatorischen Dopingausreisetest des Dopinglabors Kreischa nicht überstand. „Wir hatten auswärts ein Pokalspiel, war glaube ich in Wales, und da durfte XX nicht mit. So, der war vorher untersucht worden, was vorher gemacht wird, ehe wir reisen. [...] Und da wurde festgestellt, dass das nachweisbar ist und das geht nicht. So, und dann blieb der hier."[329]

Ähnliches war in Dresden zu beobachten. Ein Bericht des IM „Werner", alias Wolfgang Klein, Sektionsarzt der SG Dynamo Dresden, aus dem Jahr 1978 macht deutlich, dass er Hirnhormone („Vitamin B-17-Komplex") an Spieler verabreichte. Vor dem Europapokalspiel der SG Dynamo Dresden gegen Partizan Belgrad habe ihm der Verbandsarzt „Altmann" (gemeint höchst wahrscheinlich Eißmann, d. Verf.) „stimulierende Mittel mit kurzfristiger Wirkung übergeben, Vitamin B17-Komplex, welches an einen großen Teil der Spieler außer Torwart und Libero [gegeben] wird, so dass mit einer konzentrierten Leistung gerechnet werden kann."[330] Das hier genannte Präparat ist ein Hormon mit dem Wirkstoff Oxytozin, das als Filmtablette zu Dopingzwecken unter die Zunge oder in die Wangentasche gelegt, binnen von Sekunden wirksam wurde und die Aktivität des Gehirns steigerte. Die Spieler waren, um mit den Worten eines Dresdner Zeitzeugen (Nationalspieler der SG Dynamo Dresden) zu sprechen, nun „voll da". Nach seinen Schilderungen kamen die roten Pillen auch in der Oberliga gegen die größten Dresdner Konkurrenten, den BFC Dynamo und den FC Carl Zeiss Jena, zum Einsatz. Die Spieler wurden jedoch nicht medizinisch über diese Dopingmittel aufgeklärt.[331]

Außer Kontrolle: Dopingpraxis im Fußballsport in den 1980er-Jahren

Für die Darstellung der Dopingpraxis in den 1980er-Jahren wird deutlich, dass die Aktenfunde und Belege für spezielle Fragestellungen noch zu keiner abschließenden Einschätzung ausreichen. Insbesondere die Frage, ob es im Fußballsport wie in allen olympischen Sportarten eine zentrale Doping-Konzeption gegeben hat, ist noch offen.

Für die 1980er-Jahre ist zu konstatieren, dass die Sportzentrale (DTSB und DFV) im Fußballsport immer mehr die Kontrolle über die Aktivitäten in den Bezirken verlor.

329 Interview des Autors mit XY (Clubvorsitzender des 1. FC Magdeburg), 21.04.2015, in: PA Wiese.

330 IM „Werner", Treffbericht, 27.09.1978, in: BStU, MfS, MfS-BV Dresden AIM 2528/90, Teil II, Bd. 1. Vgl. ebenso: Pleil, Ingolf: Mielke, Macht und Meisterschaft. Die Bearbeitung der SG Dynamo Dresden durch das MfS 1978–1989, Berlin 2001, S. 234–236.

331 Vgl. Interview des Autors mit XY (DDR-Nationalspieler der SG Dynamo Dresden), 29.11.2015, in: PA Wiese. Die Angabe Kleins, dass mit dem Torwart und Libero nicht alle Spieler in die Vergabe-Praxis einbezogen wurden, erklärt nun auch die Aussagen des inzwischen verstorbenen Liberos der SG Dynamo Dresden, Hans-Jürgen Dörner, der im Interview mit dem Autor die Einnahme von Doping verneinte. Vgl. Interview des Autors mit Hans-Jürgen Dörner (SG Dynamo Dresden), 06.11.2015, in: PA Wiese.

Minister und Bezirksfürsten (SED-Bezirksleitung und Kombinatsdirektoren) hatten den Fußball längst zu einem Dekorationsstück erkoren. Siege ihrer Fußballmannschaft in den jeweiligen Bezirken versprachen Popularität und Glanz. Deshalb förderten die bezirklichen Mäzene nicht nur finanziell, sondern unterstützten auch die Dopingpraxis, selbst wenn dies den Kontrollmechanismen von DTSB und DFV widersprach.

Als am letzten Spieltag der DDR-Oberliga der Saison 1979/80 das entscheidende Spiel um den Gewinn der Meisterschaft zwischen dem BFC Dynamo und der SG Dynamo Dresden in Ost-Berlin anstand, wurde der Mannschaftsarzt von Dynamo Dresden, Wolfgang Klein, in die SED-Bezirksleitung Dresden zitiert. Klein sollte beim 2. Sekretär der SED-Bezirksleitung und dessen Mitarbeiter für Sportfragen Rechenschaft über die sportmedizinische Vorbereitung des Teams vor dem entscheidenden Match ablegen. Klein berichtete offen von einer geplanten Vorbereitung der Dresdner Dynamo-Mannschaft mit „stimulierenden Mitteln, da[mit] in der gesamten Woche systematisch gearbeitet werden kann. [...] Die unmittelbare Erhöhung der Leistungsfähigkeit erfolgt vor dem Spiel durch den Mund (Mittel)“[332] Klein dozierte sogar vor den hohen SED-Genossen, dass nach neuesten Erkenntnissen eine Vergabe der Dopingmittel nicht mehr über einen Tropf, sondern oral erfolge. Diese Aussagen verweisen auf die Vergabe des Hirnhormons „Vitamin B17-Komplex“, welches offensichtlich seit Ende der 1970er-Jahre in Dresden vor wichtigen Spielen verabreicht wurde. Interessant ist jedoch noch eine andere Aussage, die deutlich macht, dass die DTSB-Zentrale hier ein doping-geprägtes Saison-Finale in Ost-Berlin erwartete. „Dr. Klein verwies auf zentrale ‚Hinweise‘ (ZL/Sportmed. Dienst), wo hingewiesen wird, dass Doping-Kontrollen stattfinden würden, als Drohung ihm untersagt werde, etwas zu machen. Er ist am Freitag, 2.5., zum Chef Sportmed. Dienst, Gen. Thümmler, bestellt worden zum Rapport.“[333] Obwohl der Ausgang des Geschehens in den Quellen nicht belegt ist, macht es deutlich, dass in den Fußballclubs der DDR-Oberliga längst mit eigenen Konzeptionen die Dopingpraxis im bezirklichen Fußball vorangetrieben und von ihren Mäzenen (SED, Trägerbetriebe) unterstützt und toleriert wurde.

Eine weitere Episode zur Dopinggeschichte des DDR-Fußballs, die mit Quellenfunden belegt werden kann, stammt aus dem Jahr 1983. Bei einer Routine-Kontrolle durch das Doping-Kontroll-Labor Kreischa vor den geplanten Europapokalbegegnungen des BFC Dynamo und des 1. FC Lok Leipzig schrillten beim SMD die Alarmglocken. Bei drei Spielern des 1. FC Lok Leipzig wurden Spuren von Amphetaminen,

---

332 Mitarbeiter für Sportfragen, Gespräch mit Dr. Klein am 28.4., 30.04.1980, in: Sächsisches Hauptstaatsarchiv Dresden, SED-Bezirksleitung Dresden, IV/D/2.16/748.

333 Mitarbeiter für Sportfragen, Gespräch mit Dr. Klein am 28.4., 30.04.1980, in: Sächsisches Hauptstaatsarchiv Dresden, SED-Bezirksleitung Dresden, IV/D/2.16/748.

beim BFC Dynamo gar 14 Spieler mit Resten von Amphetaminen/Methampetaminen im Labor nachgewiesen. Im Bericht an seinen Führungsoffizier klärte der Mediziner Manfred Höppner (SMD), bei dem das Analyseprotokoll einging, das MfS über diese Leckstelle im Dopingsystem des DDR-Fußballs auf: „Es ist nicht unbedingt erforderlich, dass die einzelnen Sportler konkret über diese verabreichten Mittel Kenntnis haben, da diese teilweise illegal durch die Trainer und Ärzte in Getränken verabreicht werden. Im Olympia-Qualifikationsspiel gegen die Schweiz wurde diese Methode ebenfalls mit Genehmigung ebenfalls angewendet."[334] Interessant sind hierbei folgende Aspekte. Zum einen kommen mit der Anwendung von Aufputschmitteln beim EM-Qualifikationsspiel, welches Höppner fälschlicherweise als Olympiaqualifikation bezeichnete, alte Trends aus den 1960er-Jahren bei der Nationalmannschaft wieder zum Vorschein. Der „genehmigte" Einsatz kann als konzeptionelles Handeln interpretiert werden, sodass durch den Fußball-Verband systematisch Doping-Mittel bei der Nationalmannschaft zum Einsatz kamen. Zum anderen wird deutlich, dass, wie auch in anderen Sportarten, den Fußballern heimlich Dopingmittel über die Mischung in Getränke verabreicht wurden. Unter den damaligen Akteuren des BFC Dynamo war auch ein späterer Bundesliga-Profi von Bayer Leverkusen, der 1983 zusammen mit Dirk Schlegel bei einem Europapokalspiel in Belgrad flüchtete. Falko Götz wurde 2004 von Journalisten befragt, ob er von der Einnahme von Amphetaminen damals gewusst habe. „Ich bin vor drei bis vier Jahren angesprochen worden, dass ich ohne mein Wissen Mittel bekommen habe. Es gibt zwei positive Tests, das war aber zu meinen Jugendzeiten und ist ohne mein Wissen geschehen", sagte Götz.[335]

Auch ein Nationalspieler des 1. FC Lok Leipzig wurde vom Autor auf das Analyseprotokoll von 1983 angesprochen. Der Spieler erklärte: „Es gab eine Tablette, Studententablette, Aponeuron, die haben die Studenten abends genommen ohne Ende. [...] Das hat ungefähr so eine ähnliche Wirkung wie Red Bull. Du wirst unwahrscheinlich hoch gepest (umgangssprachlich für schnellwerdend, aktiv, d. Verf.). Und diese Tablette hat der BFC ständig eingesetzt. Aber das kannst du nur sporadisch einsetzen, nicht auf Dauer, weil du Herz-Rhythmus-Störungen kriegen kannst...und andere Sachen. Wenn du ständig über dein Level gehst, brichst du irgendwann ein. Darum ist der XY (Spieler des BFC Dynamo) dann nach vier Jahren kaputt gegangen, weil der hat es jedes Mal vorm Spiel gefressen."[336] Aponeuron war ein Amphetaminil (Psy-

334 IMB „Technik", Treffbericht, 01.12.1983 und Analyseprotokoll des ZI des SMD, Kreischa an SMD-Leitung, 17.11.1983, in: BStU, MfS, MfS HA XX, A 637/79, Teil II, Bd. 3, S. 310–313. Zit. nach Spitzer, Doping in der DDR, S. 187, FN 29 und S. 351.

335 Historiker: DDR dopte ganze Fußball-Mannschaften, in: FAZ-Net, 04.01.2004, https://www.faz.net/aktuell/sport/doping-historiker-ddr-dopte-ganze-fussball-mannschaften-1146759.html . Zugriff: 23.02.2023.

336 Interview des Autors mit XY (Nationalspieler des 1. FC Lok Leipzig), 11.10.2015, in: PA Wiese.

chopharmakon), das ähnlich der Soldatendroge „Pervitin" und dem heutigen „Speed" oder „Crystal Meth" wirkte, also mit hohen Gesundheitsrisiken für die Gedopten verbunden war. Studierende nutzten die Medikamente, um nächtelang für Klausuren lernen zu können. In der DDR war Aponeuron nur auf Rezept erhältlich, was die Beschaffung natürlich erschwerte. „Ich weiß persönlich nur, dass uns bei Lok Leipzig nie etwas angeboten wurde. Wenn, dann hat sich ein Spieler das Aponeuron schwarz besorgt. Das konntest du in der Apotheke kaufen. Aponeuron, wenn du mal einen Grippeanfall hattest, oder wenn du nicht hundertprozentig fit bist, wolltest aber spielen... das denke ich schon, dass das Spieler gemacht haben."[337]

Da bei diesem Vorfall mehrere BFC-Spieler involviert waren, fühlte sich Manfred Höppner als Zuträger des MfS verpflichtet, beim MfS, der Trägerorganisation des BFC, nachzufragen, ob er seine Einschätzungen an den DTSB-Präsidenten Manfred Ewald weitergeben solle. Denn für Höppner wurde hier eindeutig nachgewiesen, dass „Fußballmannschaften bei normalen Oberliga-Punktspielen gedopt werden."[338] Das MfS entschied das Analyseprotokoll einzuziehen, die Mitarbeiter des Dopinglabors zum Schweigen zu verpflichten und den Fall zu vertuschen.[339]

Zudem berief DTSB-Präsident Manfred Ewald am 30. November 1983 eine Besprechung mit Doping-Koordinator Manfred Höppner und dem Generalsekretär des DFV der DDR ein. Bei diesem Treffen wurde ausgiebig darüber gesprochen, ob es „Möglichkeiten der Anwendung von unterstützenden Mitteln auch im Fußballsport, jedoch unter Kontrolle und nur bei wichtigen internationalen Vergleichen"[340] geben solle. Dieser Wunsch der Fußball-Zentrale macht deutlich, dass gerade der Fußball Unregelmäßigkeiten bei der Dopingpraxis offenbarte, die nun mit gemeinsamen Anstrengungen unter Kontrolle gebracht werden sollten. Dopen ja, aber der DFV sollte Herr der Lage bleiben.

Nach diesen Vorfällen versuchte die DTSB-Zentrale die Dopingauswüchse des Oberliga-Fußballs besser in den Griff zu bekommen. Man erwog, dass Dopingkontrollen nicht nur vor der Ausreise zu internationalen Spielen intern erfolgen, sondern nun auch in den Oberliga-Mannschaften durchgeführt werden sollten. Der Fußball-Verband beantragte 1985 zwei Spieler pro Mannschaft per Dopingkontrolle unter die Lupe zu nehmen. Das Ergebnis kam für die Dopingkontrolleure trotz Ankündigung überraschend. Gerade beim Underdog der Oberliga, dem 1. FC Union Berlin, wurde mit mehr als Aufputschmitteln oder Hirnhormonen gedopt. Die beiden ausgelosten Spie-

337 Interview des Autors mit XY (Nationalspieler des 1. FC Lok Leipzig), 11.10.2015, in: PA Wiese.
338 IMB „Technik", Treffbericht, 01.12.1983, in: BStU, MfS, MfS HA XX, A 637/79, Teil II, Bd. 3, S. 314.
339 Vgl. Spitzer, Doping in der DDR, S. 187, FN 29
340 IMB „Technik", Treffbericht, 17.04.1986, in: BStU, MfS, MfS HA XX, A 637/79, Teil II, Bd. 3, S. 310–311. Zit. nach Spitzer, Doping in der DDR, S. 188, FN 33.

ler des 1. FC Union Berlin wurden der Einnahme von Depot-Turinabol „überführt".[341] Da dieses Präparat sehr lange nachweisbar war, nutzte SMD-Arzt Höppner die Gelegenheit, um die ganze Union-Mannschaft zu testen. Das Ergebnis war alarmierend, wie stark trotz zentraler Kontrolle in Ost-Berlin anabole Steroide zum Einsatz kamen. „Er (geschwärzt, wahrscheinlich der Mannschaftsarzt) hat 6 bis 7 Spieler des 1. FC Union mit dem seit Jahren verbotenen Depot-Turinabol gespritzt."[342] Während sich Höppner Hoffnungen machte, dass nun endlich mit dem unkontrollierbaren Doping im Fußball aufgeräumt werden könne, folgte schnell die Ernüchterung, wie sein IM-Bericht offenlegt. „Auf den entsprechenden Ebenen wurde jedoch festgelegt, dass dieses Vorkommnis nicht existent ist."[343] Obwohl Höppner die Berichte über DTSB-Vizepräsident Thomas Köhler an Rudolf Hellmann, Abteilungsleiter Sport im ZK der SED, übermittelte, blieben die Sanktionen von oberster Stelle aus. Zwar wurde der verantwortliche Arzt beim 1. FC Union von seinen Aufgaben entbunden, aber ansonsten wurde das Problem nicht angegangen. Die Botschaft war nun eindeutig für die Fußballclubs, sie konnten weitermachen und ganz individuelle Dopingkonzeptionen fern des Verbandes und der DTSB-Zentrale entwickeln.

Nur ein Jahr später, im Jahr 1986 wurde die ungesteuerte Dopingpraxis in der Fußball-Oberliga der DDR ungeschminkt deutlich. Doping-Koordinator Manfred Höppner (SMD) berichtete seinem MfS-Führungsoffizier, „dass in allen Fußballclubs auf diesem Gebiete (Anwendung von u.M., d. Verf.) unkontrolliert etwas gemacht"[344] werde. Überdies erkläre die offensichtliche Dopingpraxis auch die „unbeherrschte Verhaltensweise" einiger Spieler. Höppner begann nun über den DFV das Instrument der internen Dopingkontrollen an Oberligaspieltagen einzuführen, um die wilde Praxis einzudämmen. Höppner kündigte an, dass es auf Anweisung von DTSB-Präsident Ewald künftig nur noch unangemeldete, stichprobenartige Dopingkontrollen geben würde.[345]

Doch auch hiermit enden die Quellenfunde zur DDR-Dopingpraxis nicht. Gerade das Dopen mit Psychopharmaka wie Aponeuron machte in der DDR-Oberliga die Runde. Besonders schwer wiegt die Quellenlast bei den Praktiken des BFC Dynamo. Spitzer brachte 2005 ans Licht, dass der BFC bei seinem legendären Europapokalhinspiel

341 Vgl. IMB „Technik", Treffbericht, 12.09.1985, in: BStU, MfS, MfS HA XX, A 637/79, Teil II, Bd. 3, S. 396. Zit. nach Spitzer, Doping in der DDR, S. 187, FN 28.
342 IMB „Technik", Treffbericht, 17.10.1985, in: BStU, MfS, MfS HA XX, A 637/79, Teil II, Bd. 3, S. 403.
343 IMB „Technik", Treffbericht, 17.10.1985, in: BStU, MfS, MfS HA XX, A 637/79, Teil II, Bd. 3, S. 403.
344 IMB „Technik", Treffbericht, 17.04.1986, in: BStU, MfS, MfS HA XX, A 637/79, Teil II, Bd. 3, S. 424. Zit. nach Spitzer, Doping in der DDR, S. 187, FN 27.
345 Vgl. IMB „Technik", Treffbericht, 17.04.1986, in: BStU, MfS, MfS HA XX, A 637/79, Teil II, Bd. 3, S. 424–427. Zit. nach Spitzer, Doping in der DDR, S. 187, FN 27.

gegen Werder Bremen 1988 Aponeuron bei den Kickern zum Einsatz brachte.[346] Der IM-Quellenbericht des „Manne" ist ein erschreckendes Zeugnis medizinischer Verantwortungslosigkeit: „Der ehemalige Spieler des BFC XY hat der Quelle persönlich erzählt, dass die Spieler der 1. Mannschaft des BFC vor wichtigen Spielen weiße Tabletten bekommen haben. Nach der Einnahme dieser Tabletten wurden die Kontraste und Farben der Umwelt deutlicher. Aufgrund der Einnahme dieser Tabletten sollen eine Reihe von Spielern am Montag nach Spielen vom Training ausgeschlossen worden sein, da sie sich sonst schwere gesundheitliche Schäden zugezogen hätten. Durch die Einnahme der Tabletten haben sie sich psychisch so verausgabt, dass eine Beanspruchung gefährlich geworden wäre. Unter Fachleuten des Fußballs wird darüber gesprochen, dass der BFC beim Spiel gegen Werder Bremen in Berlin voll mit unterstützenden Mitteln gesättigt war. Daraus erklären sich auch die gezeigten Leistungen. Beim Rückspiel in Bremen konnten diese Mittel nicht eingesetzt werden, so dass es zu der genannten Niederlage kommen musste. Die Quelle betonte, dass der Einsatz von unterstützenden Mitteln auch in anderen Oberligamannschaften angewandt wird. Diese Mittel werden aus dem NSW beschafft und können sich nur die Mannschaften leisten, deren Sponsoren über Valutamittel verfügen."[347]

Das Echo auf die Veröffentlichung der Quelle war gewaltig. Der ehemalige BFC-Torwart Bodo Rudwaleit schimpfte reflexartig, dass „diese Mittel im Fußball überhaupt nichts bringen würden", [348] eine Behauptung, die angesichts des Hinspielergebnisses des BFC 1988 gegen Bremen in Ost-Berlin infrage zu stellen wäre. Sein früherer Mittelfeldspieler Eike Küttner erklärte daraufhin im ZDF-Sportstudio, dass er nie wissentlich Doping-Mittel zu sich genommen habe. „Ich kann jedoch die Einnahme nicht definitiv ausschließen. Es wurde im Verein nie darüber gesprochen, dass es solche Möglichkeiten gibt, noch etwas mehr Leistung herauszukitzeln"[349], sagte Küttner.

Während bei den Clubmannschaften der systematische Einsatz von Psychopharmaka auf konzeptionelles Vorgehen im DDR-Fußball hindeutet, bleibt der Streitpunkt, ob es eine zentrale Dopingkonzeption gegeben habe, die das Leistungsvermögen der DDR-Nationalmannschaft „unterstützte", bisher noch ungelöst. Die MfS-Dokumente konnten nicht konsequent die These untermauern. In welchem Rahmen der dama-

---

346 Vgl. Spitzer, Giselher: Sicherungsvorgang Sport. Das Ministerium für Staatssicherheit und der DDR-Spitzensport, Bonn 2005, S. 175.

347 „Manne", Treffbericht, Information zur Lageeinschätzung beim 1. FC Union, 16.03.1989, in: BStU, MfS, HA XX 2513, S. 28. Vgl. ebenso: Spitzer, Sicherungsvorgang Sport, S. 603.

348 Vgl. Historiker: DDR dopte ganze Fußball-Mannschaften, in: FAZ-Net, 04.01.2004, https://www.faz.net/aktuell/sport/doping-historiker-ddr-dopte-ganze-fussball-mannschaften-1146759.html . Zugriff: 23.02.2023.

349 Vgl. Historiker: DDR dopte ganze Fußball-Mannschaften, in: FAZ-Net, 04.01.2004, https://www.faz.net/aktuell/sport/doping-historiker-ddr-dopte-ganze-fussball-mannschaften-1146759.html . Zugriff: 23.02.2023.

lige Verbandsarzt Hans-Jörg Eißmann zentrale Dopingkonzeptionen generierte, ist letztlich nicht hinreichend zu klären. Erschwerend kommt bei dieser Personalie hinzu, dass Eißmann, später beim DFB beschäftigt, für sich in Anspruch nahm, das Modell der in der DDR wohl auf Drängen Höppners eingeführten Dopingkontrollen als Musterprojekt des DDR-Fußballs in der Medizinischen Kommission der UEFA verkauft zu haben. Damit konnte er sich international noch zu DDR-Zeiten und später im DFB als Gesicht gegen den Einsatz von Doping im internationalen Fußball profilieren.

Spitzer warf im Jahr 2001 dem damaligen Dopingkontrolleur des DFB und ehemaligen Verbandsarzt des DDR-Fußballverbandes, Hans-Jörg Eißmann öffentlich vor, im Jahre 1983 mit dem Generalsekretär des DDR-Fußball-Verbandes und den Clubärzten den Einsatz von Psychopharmaka vor dem Länderspiel der DDR gegen Polen vereinbart zu haben. Dabei habe es sich um Sydnocarp und Aponeuron gehandelt, „die die Aggressivität steigern, die Wahrnehmung verzerren und zum Überschreiten der natürlichen Leistungsgrenzen führen". Diese Dopingmittel seien nicht über den sportmedizinischen Dienst der DDR, sondern über das Apothekennetz der Staatssicherheit besorgt worden.[350] Dass Eißmann hier in die Dopingvergabe involviert war, darf man getrost vermuten. Eine Akte aus dem Jahr 1988 deutet darauf hin, dass vom Verbandsarzt Eißmann eine sportmedizinische Strategie erwartet wurde, um der nahezu erfolglosen DDR-Fußballnationalmannschaft mithilfe „unterstützender Mittel" neue Erfolge einzuhauchen. In diesem Dokument berichtet ein IM „Hansen" über den Arzt der DDR-Nationalmannschaft: „Der Fußballverbandsarzt Dr. Eißmann hatte ein persönliches Gespräch mit dem IM. Dabei äußerte Eißmann, dass er, aufgrund der labilen Lage im Fußballverband der DDR in seiner Funktion als Verbandsarzt unzufrieden ist und Möglichkeiten für einen neuen Tätigkeitsbereich sucht. Ihm wurde ein Teil der Schuld für die gegenwärtig instabile Lage und unbefriedigende Leistungen der Fußball-NM (Nationalmannschaft, d. Verf.) angelastet, weil seine Konzeption zum Einsatz von unterstützenden Mitteln nicht wirksam wurde. Dafür wurde ihm das leistungsorientierte Gehalt (LOG) gekürzt."[351] Auch im Fußball befand sich das System mithin in einem Spannungsfeld aus „wildem Doping" und wiederholten Versuchen, eine zentrale Kontrolle und Steuerung des Dopinggeschehens zu erreichen.

---

350 Zerstückelte Akten rekonstruiert. „Dopingkonzepte" auch im DDR-Fußball?, in: FAZ, 25.06.2001, Nr. 144, S. 40.

351 IM „Hansen", Treffbericht, 13.05.1988, in: BStU, MfS, MfS HA XX AP 3941/92.

Dokumentenanhang

Die folgenden Dokumente sind den Unterlagen der ZERV entnommen. Es handelt sich überwiegend um Berichte über Vernehmungen von Sportlern und Sportlerinnen, zudem ein MfS-Dokument und die Zusammenfassung einer Akte eines Inoffiziellen Mitarbeiters der Staatssicherheit. Aus verschiedenen Dokumenten gehen die gravierenden Nebenwirkungen des Dopings hervor, darüber hinaus die Methoden von Täuschung und Vertuschung der Dopingpraxis. Obgleich das Doping-System versuchte, sich gegenüber den Erziehungsberechtigten abzuschotten, wird zudem deutlich, dass Eltern immer wieder Ahnung oder Kenntnis von den Methoden erhielten: Manche versuchten einzuschreiten und wurden bedroht, andere handelten gar nicht, andere ließen sich ebenfalls zum Schweigen verpflichten.

Zudem wird deutlich, dass auch bereits an den Kinder- und Jugendsportschulen gedopt wurde. Manche der – minderjährigen – Sportler beteuern im Nachhinein, freiwillig gedopt zu haben – wobei sich hier die Frage anschließt, wie „freiwillig" eine solche Entscheidung mit 14 oder 15 Jahren überhaupt sein konnte. Andere geben ihre damalige Sorge zu Protokoll, sie hätten andernfalls den Leistungssport oder die KJS verlassen müssen. Zudem ist immer wieder der unmittelbare Zwang zum Mitmachen dokumentiert, indem Trainer die Dopingeinnahme beaufsichtigten. Eine Sportlerin, die sich weigert, muss ihre Kenntnis der Dopingpraxis schriftlich leugnen. Bei einem Gewichtheber wirkt die Verschwiegenheitserklärung bis in die 1990er-Jahre fort. Eine Ruderin, die nicht dopen will, wird ausdelegiert. Ein Trainer-Ehepaar begeht gemeinschaftliche Körperverletzung, indem der bei einem Club tätige Ehemann Pillen an seine Ehefrau, die als Trainerin bei einer KJS arbeitet, weiterreicht. Sie belügen die Kinder: Die Präparate dienten angeblich als Heilmittel gegen den „Trennungsschmerz" der Kinder vom Elternhaus.

Nachweis der Dokumente:
Dokument Nr. 1, 5, 7, 8, 9, 11, 12: Landesarchiv Berlin D Rep 120-02, Nr. 314.
Dokument Nr. 2, 3, 4, 6, 10: Landesarchiv Berlin D Rep 120-02, Nr. 304.

Dokument 1

Bei einer 14-Jährigen zeigen sich schwere Nebenwirkungen der Dopingeinnahme.

8

9

Fallakte 1 Blatt 18	Die Schwimmerin [geschwärzt] sagt aus, sie habe die ihr vorgelegten blauen Oral-Turinabol Tabletten 1978 von Herrn [geschwärzt] persönlich ausgehändigt bekommen. Zu diesem Zeitpunkt war sie 14 Jahre alt. Die Tabletten wurden als Vitamintabletten deklariert, die die Geschädigte zwar ebenfalls von ihrem Trainer erhalten hat, von diesen jedoch unterscheiden konnte. Über Nebenwirkungen erfolgte keine Aufklärung. Auf Nachfrage der [geschwärzt] erklärte Herr [geschwärzt], daß diese Tabletten schneller machen würden.
Blatt 20	1980 stellten die Eltern der Geschädigten fest, daß deren Gesicht aufgequollen war. Auf der Brust wuchsen Haare.
Blatt 17	In der Zeit von April - bis Sommer 1980 trainierte die Geschädigte in [geschwärzt] unter dem dortigen Schwimmtrainer [geschwärzt] (Personalien Blatt 1 der Fallakte) zur Vorbereitung auf die DDR-Meisterschaften, die die Ausscheidungen für die Olympischen Spiele in Moskau waren.
Blatt 20	In dieser Zeit erfolgte eine Gewichtszunahme von 7 kg. Im Anschluß daran kehrte sie wieder zu ihrem Trainer [geschwärzt] zurück. Im Sommer 1981 wurden bei Frau [geschwärzt] veränderte Leberwerte festgestellt. Die Sektionsärztin Frau Dr. [geschwärzt] bezeichnete die Leberwerte als „schlecht" und untersagte das weitere Training.

Dokument 2

Doping-Präparate werden vor der Schwimm-EM 1977 als Tabletten und über Infusionen verabreicht. „Stumpfe Tabletten" sind Oral-Turinabol. Mit langärmeligen Oberteilen soll die Injektions-Praxis verdeckt werden. ZERV-Bericht über Vernehmung einer Sportlerin, die 1977 15 Jahre alt war.

Bl. 4

Vor der Europameisterschaft 1977 in Schweden fand die unmittelbare Wettkampfvorbereitung in Belmeken/Bulgarien statt. Die Sportler/innen erhielten hier die Anweisung, die ihnen zugeteilten Tabletten sofort einzunehmen, da auch andere Nationalmannschaften sich hier vorbereiteten. Der Begriff „unterstützende Maßnahmen„ wurde offiziell genannt, und es wurde damit erklärt, daß diese Maßnahme wichtig sei, um das höhere Trainingsaufkommen besser zu verkraften.

Dieses wurde den Sportlerinnen offiziell von dem Trainer [geschwärzt] in den Theoriestunden vermittelt.
Die Verabreichung von Infusionen wurde speziell auf die jeweilige Sportlerin angewendet. Beigegeben wurden teilweise Ampullen, aber erst zu dem Zeitpunkt, als die Sportlerin schon angeschlossen war.

Bl. 5

Die Vitamintabletten wurden in Gläser gegeben, die mit den Namen der einzelnen Sportlerinnen gekennzeichnet waren. Wenn die Sportlerinnen das Training beendeten, legte der Trainer [geschwärzt] die stumpfen Tabletten, die er Separat aufbewahrte, dazu. Es bestand eine Anweisung, keine Becher stehen zu lassen und langärmelige T-Shirts zu tragen, um die Einstiche in den Armbeugen zu verdecken.

Dokument 3

Ein Sportarzt und das MfS beraten über Schwierigkeiten bei der Dopingvergabe. Eine Ärztin will politische Rückendeckung für die Vergabe an Minderjährige. Es wird als Sprachregelung festgelegt, gegenüber Minderjährigen an der Legende von Vitaminen festzuhalten, auch wenn Eltern dies in Frage stellen.

Bl. 0000294 Von Major MfS HA XX/3 Berlin, werden die negativen Folgen der Anwendung von u. M. angesprochen.
Dr. führt aus, daß die Leistungsziele ohne u. M. nicht erreicht werden können. An diese Frage müsse man klassenmäßig herangehen.

Bl. 0000295 Die Sektionsärztin Schwimmen des , wäre im November 1975 an Dr. herangetreten, um Rückenfreiheit für die Verabreichung von u. M. an minderjährige Schwimmer zu bekommen.
Sie wisse jetzt nicht, was sie machen solle, wenn Elternteile sie darauf ansprechen.
Mit Dr. ist sie am 05.12.1975 zu Dr. nach Berlin gefahren, um sich über die Richtigkeit der von der Ärztekommission und der Leistungssportkommission beschlossenen Maßnahmen zu vergewissern.

Argumentation gegenüber den Eltern von Sportlern:

- Sportler/innen unter 18 Jahre erhalten Vitaminspritzen, auch wenn die Eltern das Gegenteil behaupten,

- Sportler/innen über 18 Jahre wird erklärt, daß sie leistungsfördernde unterstützende Mittel erhalten.

Dokument 4

Einer medizinkundigen Mutter wird mit Ausdelegierung der Tochter gedroht, wenn sie sich weiter um Aufklärung der Dopingvergabe bemüht. Auszug aus der Vernehmung einer Sportlerin.

> „Ich kann mich nur noch daran erinnern, daß es einmal zu einem Eklat bezüglich einer Schwimmerin, kam, deren Mutter Tierärztin war und sich intensiv bemühte in Erfahrung zu bringen, welche Medikamente ihre Tochter bekäme. Der Mutter wurde angedroht, daß, *wenn sie sich weiter um Aufklärung bemüht, ihre Tochter ausdelegiert* werde."

Dokument 5

Es kam zu Fällen, in denen auch Eltern zur Verschwiegenheit verpflichtet, also in das konspirative System integriert wurden.

Blatt 22,23	Frau [geschwärzt] betrieb von 1976 bis 1982 Schwimmen als Leistungssport [geschwärzt].
Blatt 24	Von 1979 bis 1982 wurde sie vom Beschuldigten [geschwärzt] gemeinsam mit einem weiteren Trainer trainiert. Ihr wurden „Oral-Turinabol" Tabletten im Original vorgelegt. Sie gab an, diese unter der Bezeichnung „Vitamintabletten" neben anderen Tabletten erhalten zu haben.
Blatt 29	Derartige Tabletten wurden ihr auch vom Beschuldigten [geschwärzt] im Alter zwischen 12 und 15 Jahren verabreicht.
Blatt 25	Frau [geschwärzt] und ihre Eltern wurden schriftlich zur Verschwiegenheit über verabreichte Medikamente verpflichtet.
Blatt 25,26	Die Geschädigte mußte mehrmals vor Vorbereitungen zu Wettkämpfen Urinproben abgeben.
Blatt 26,27	Die Geschädigte erlitt 1981 vor der Abreise zu einem Wettkampf epileptische Anfälle.
Blatt 27	Ab ca. 1978 bekam sie eine tiefe Stimme. Die Geschädigte leidet heute an starken Schmerzen in der rechten Schulter und Kopfschmerzen. Sie stellt Strafantrag und entbindet die sie damals behandelnden Ärzte von der Schweigepflicht.

Dokument 6

Ein Trainer nötigt die Sportlerin zur Einnahme der Pillen. Eltern raten von der Einnahme ab, schreiten offenkundig aber auch nicht ein. ZERV-Bericht über Vernehmung einer Sportlerin.

1981 wurde Frau ███ mit 13 Jahren in die KJS ███ ███ aufgenommen und wurde somit Mitglied im SC Dynamo ███.

Bl. 2 Die rosafarbenen Tabletten wurden nicht durchgängig verabreicht, sondern phasenweise in unterschiedlichen Dosierungen. Die Länge der einzelnen Phasen und wieviele Phasen es in einem Trainingsjahr gab, konnte sie nicht angeben. Die Dosierung bewegte sich zwischen 1 bis 2 oder 3 bis 4 Tabletten täglich.

Die Tabletten gab es sowohl im Training in Berlin als auch in Trainingslagern.

Bl. 3 Der Trainer achtete darauf, daß jeder Sportler sein Gläschen nahm. die eigentliche Tabletteneinnahme wurde in der Regel nicht so stark überwacht, so daß Frau ███ die rosafarbenen Tabletten (O. T.) nicht einnahm.

Als der Trainer ███ dies bemerkte, überwachte er bei Frau ███ persönlich die Einnahme. Im Ergebnis nahm die Muskelmasse in dem Maße zu, daß sie beim Länderkampf gegen die SU Letzte wurde. Die Tabletten mußte sie aber weiterhin einnehmen.

Da die Sportler ahnten, daß es sich bei den rosafarbenen Tabletten um Dopingmittel handeln könnte, hat ein Sportler die Tabletten mit zu seinen Eltern, die Ärzte waren, genommen. Diese rieten daraufhin den Sportlern von der Einnahme ab, da es sich um „Aufbaustoffe" handeln würde.

Dokument 7

Ein Trainer-Ehepaar verabreicht gemeinschaftlich Dopingmittel an KJS-Schüler im Alter von 10 bis 13 Jahren. Der Ehemann gibt die Mittel als Clubtrainer an seine an der KJS beschäftigte Ehefrau weiter. Zwei Sportlerinnen berichten in den ZERV-Vernehmungen.

6

Fallakte 1	Die Geschädigte █ sagt aus, daß sie 1977 - 1978, im Alter von 11 - 12 Jahren, von der Trainerin █ trainiert wurde. Zu diesem Zeitpunkt befand sie sich in der 5./6. Klasse der Kinder-und Jugendsportschule (KJS).
Blatt 13	Sie hat von Frau █ Tabletten verabreicht bekommen. Die Tabletten wurden als Vitamintabletten deklariert.
Blatt 13	Frau █ hatte den Eindruck, daß eine Tablettenvergabe in der 5. Klasse der KJS noch nicht vorgesehen war. Sie vermutet, daß Frau █ diese Tabletten von ihrem Ehemann █ █ erhalten hat. Herr █ war zum damaligen Zeitpunkt Trainer der weiblichen Spitzenschwimmerinnen des █

Blatt 17, 18	Von Frau █ sowie von Herrn █ bekam sie turnusmäßig alle drei bis vier Wochen, jeweils nach dem Training, ein undurchsichtiges Fläschchen mit Tabletten verabreicht. Das Fläschchen hat sie an den Hals gesetzt und den Inhalt meistens ohne nachzuschauen heruntergeschluckt.
Blatt 18	Nach diesem Turnus trat eine drei- bis vierwöchige Pause bei der Tablettenvergabe ein.
Blatt 20	Vor Auslandswettkämpfen mußte Frau █ eine Urinprobe abgeben.
Blatt 18	Die Tabletten wurden hauptsächlich in den Trainingslagern in Belmekken und in Lindow verabreicht.

9

Blatt 18	Eine Aufklärung über die Nebenwirkungen der verabreichten Tabletten erfolgte nicht. Auf Nachfrage wurde erklärt, daß die Tabletten über den „Trennungsschmerz" hinweghelfen sollten.

Dokument 8

Eine 17-Jährige konfrontiert den Trainer damit, dass er ihr seit zwei Jahren Dopingmittel verabreichte. Daraufhin muss sie eine Erklärung unterzeichnen, dass sie davon nichts wisse. Die Folgeschäden des Dopings bleiben unklar.

Blatt 11	1988 setzte Frau ███ aus gesundheitlichen Gründen ein halbes Jahr mit dem Leistungssport aus. Durch einen Arzt im Krankenhaus Charitè wurden Hormonstörungen festgestellt. Im Anschluß daran nahm sie das Training wieder auf. Ihr Trainer war weiterhin Herr ███, der ihr erneut Oral-Turinabol Tabletten verabreichen wollte.
Blatt 11	Frau ███ verweigerte jedoch die Einnahme der Tabletten und beendete den Leistungssport ███ ███.
Blatt 11	Frau ███ wurde von Herrn ███ nicht darüber aufgeklärt, daß er ihr Oral-Turinabol Tabletten verabreicht. Er erklärte, daß es sich um Vitamintabletten handeln würde, die dazu dienten, das harte Training besser zu überstehen.

Blatt 11	1988 konfrontierte Frau ███ Herrn ███ damit, daß er ihr Oral-Turinabol verabreicht hätte. Daraufhin beorderte er sie in sein Trainerzimmer und sie mußte eine Erklärung unterschreiben, daß sie nichts über die Verabreichung von Anabolika in ihrer Trainingsgruppe wüßte.
Blatt 11, 12	Frau ███ hat die Verabreichung von Oral-Turinabol Tabletten an ihre Mitsportlerinnen
Fallakte 1	███, geb. ███
Fallakte 3	███
Fallakte 5	und ███ beobachtet.
Fallakte 4, Blatt 12	Nach Gesundheitsschädigungen befragt erklärte Frau ███, daß ihr ein Arzt erklärt hätte, sie könne möglicherweise keine Kinder bekommen bzw. diese könnten behindert auf die Welt kommen. Inwieweit hier ein kausaler Zusammenhang zu der Einnahme von Oral.Turinabol Tabletten besteht, wurde noch nicht gutachterlich festgestellt.

Dokument 9

Eine 14-Jährhige wird vom Trainer zur Einnahme genötigt.

Fallakte 4
Blatt 14

Die Geschädigte [geschwärzt] sagt aus, daß sie 1983, im Alter von 14 Jahren, erfahren habe, daß sich unter den von ihrem Trainer Herrn [geschwärzt] verabreichten Tabletten sogenannte „Gamma-Tabletten" befinden. Die Tabletten sollten männliche Hormone beinhalten und eine Vermännlichung bewirken. Frau [geschwärzt] wollte diese Tabletten daraufhin nicht mehr einnehmen und spuckte sie aus. Daraufhin mußte sie diese Tabletten unter strenger Aufsicht von Herr [geschwärzt] einnehmen.

Dokument 10
Eine Ruderin muss abtrainieren, weil sie nicht dopen will. Informationsbericht eines Inoffiziellen Mitarbeiters der Staatssicherheit.

169

HA XX/3 30. 10.1982

IMS "A.Köhler"

SC Dynamo-Berlin/ ehemalige Aktive der Sekt. Ru[illegible]

Die Ruederin [illegible], [illegible], mit der es eine Reihe disziplinarischer Probleme gab, wir[illegible] abtrainieren.

Ihre Freundin [illegible], [illegible] die kürzlich erst in den Kaderkreis II aufgenommen worden ist, lehnt es ab UM zu nehmen. Deshalb muß auch sie abtra[illegible]eren.
Zur Zeit ist unbedingt zu bedenk[illegible], [illegible]iden Mädchen eine Schweigeverpflichtung abzunehm[illegible]
Es besteht die Möglichkeit, d[illegible] die [illegible] die Ablehnung der [illegible] inszeniert hat.
Beide besuchen die mediz. [illegible]ach[illegible]schule und erlerhen den Beruf einer Physiotherapeutin. S[illegible] [illegible]pekulieren damit, gemeinsam in einem Zimmer wohnen [illegible]nnen .

Der IM hat von anderen Mädchen erfahren, daß [illegible].

Ref. II zur Beachtung

Dokument 11

Ein Sportler befürchtet, die KJS verlassen zu müssen, wenn er die von seiner Trainerin verabreichten Dopingmittel nicht nimmt. Er ist im Trainingszeitraum zwischen 10 und 16 Jahre alt. ZERV-Bericht über Vernehmung eines Sportlers.

Blatt 21	Herr [geschwärzt] betrieb von 1977 bis 1986 Schwimmen als Leistungssport.
Blatt 22	Die Beschuldigte trainierte in als Assistenztrainerin des Trainers [geschwärzt]. An den genauen Zeitraum, in dem Frau [geschwärzt] ihn trainierte, kann sich der Geschädigte nicht erinnern.
Bl. 24	Ihm wurden Oral-Turinabol Tabletten (blau und rosa) im Original vorgelegt. Herr [geschwärzt] erinnert sich, daß er derartige Blaue Tabletten unter anderem auch von der Beschuldigten [geschwärzt] verabreicht bekam. Die Verabreichung erfolgte in Zyklen von drei bis vier Wochen, wobei der Geschädigte ein bis drei Tabletten täglich bekam. Drei bis vier Wochen vor Meisterschaften wurden die Tablettengaben eingestellt.
Bl. 25	Die Tabletten wurden den Sportlern gemeinsam mit anderen Tabletten vom jeweiligen Trainer in die Hand gegeben . Die Vergabe erfolgte offen, einen direkten Zwang zur Einnahme der blauen Tabletten gab es nicht. Allerdings befürchtete der Geschädigte, die Kinder- und Jugendsportschule (KJS) verlassen zu müssen, wenn er die verabreichten Tabletten nicht genommen hätte und dadurch seine Leistungen schlechter geworden wären.

Dokument 12

Gewichtheber, die an einer Versuchsreihe teilnehmen mussten, werden befragt. Sie berichten über Schäden und Operationen. Bei einem der Sportler wirkt die Verschwiegenheitserklärung noch über das Ende des DDR-Sports hinaus.

[geschwärzt], geb.: [geschwärzt], gab in seiner Vernehmung auf der hiesigen Dienststelle an, daß er der "Versuchsreihe [geschwärzt]" von 1981 bis 1984 angehörte. In dieser gesamten Zeit, erstmalig im Alter von 16 Jahren, nahm er freiwillig uM ein. Aushändigender der uM war der [geschwärzt]. Als Nebenwirkungen stellten sich bei ihm Akne, Potenzschwankungen, Brustoperation an beiden Brüsten wegen Gynäkomastie, Blut im Urin und mehrere Nierenkoliken ein. Er stellt Strafantrag, allerdings nicht gegen den Trainer. Des weiteren entbindet er die Ärzte von der Schweigepflicht.

[geschwärzt], geb.: [geschwärzt], gab hier fernmündlich an, daß er zur Sache keine Aussage machen werde, sollte er dennoch aussagen müssen, würde er das Problem "Doping" nicht kennen. Schließlich habe er zu einer besonderen Trainingsgruppe gehört und eine Verschwiegenheitserklärung auf Lebenszeit unterschrieben.
[geschwärzt] wird vermutlich zur "Versuchsreihe [geschwärzt]" gehört haben, da er es selbst kurz andeutete und von Mitsportlern benannt wird.

[geschwärzt], geb. [geschwärzt], wurde befragt, weil er im Fragebogen angegeben hat, uM erstmalig im Alter von 13-14 Jahren zu sich genommen zu haben.

In seiner Befragung bestätigte er, mit 14 1/2 Jahren erstmals Pillen, die von der Farbe her weiß bzw. gelb gewesen sind, bekommen zu haben. Dabei soll es sich laut Aussage seines Trainers [geschwärzt] um Vitaminpillen gehandelt haben. Von daher war die Einnahme freiwillig, die Pillen wurden über einen Zeitraum von 1 1/4 Jahr eingenommen. Als körperliche Schäden sind stark verkleinerte Genetalien, sehr wenig Körperbehaarung und schmerzhafte Knötchen in der Brust, die sich selbständig zurückgebildet haben, aufgetreten. Bei dem genannten Präparat könnte es sich um STS handeln. Eine Vernehmung konnte wegen der zeitlichen Dringlichkeit nicht mehr durchgeführt werden. Hinsichtlich eines Strafantrages bzw. Entbindung der ärztlichen Schweigepflicht hat er sich noch etwas Bedenkzeit erbeten.

Literatur

Autorenkollektiv: Abriß zur Theorie und Praxis der sozialistischen Erziehung des Leistungssportlers der DDR, in: Theorie und Praxis des Leistungssports (1970), Beiheft, S. 1–245.

Baumert, Achim: Sportbetonte Schulen als Basis der Talentförderung, in: NOK-Report (1998), Nr. 8 (Achiv: www.nok.de; 28.08.2010)

Berendonk, Brigitte/Franke, Werner W.: Hormondoping als Regierungsprogramm. Mit Virilisierung von Mädchen und Frauen zum Erfolg, in: Hartmann, Grit: Goldkinder. Die DDR im Spiegel ihres Spitzensports. Leipzig 1998, S. 166–187.

Berendonk, Brigitte: Doping Dokumente. Von der Forschung zum Betrug. Hamburg 1992.

Bette, Karl Heinrich/Schimank, Uwe: Doping im Hochleistungssport. Anpassung durch Abweichung. Frankfurt am Main 1995.

Boelcke, Joachim u. a.: Damit Talente Sieger werden. Geschichte der Sportschule Friedrich-Ludwig-Jahn. Wilhelmshorst 2002.

Braun, Jutta: Wettkampf der Systeme. Sport im geteilten Deutschland. Berlin 2024.

Braun, Jutta: Spiel ohne Grenzen. Sport in der Transformation seit 1989/1990, in: Kowalczuk, Ilko-Sascha/Ebert, Frank/Kulick, Holger (Hg.): (Ost)Deutschlands Weg – Teil 1. 45 Studien und Essays. Bonn 2021, S. 685–705.

Braun, Jutta: „Auf Jahre unschlagbar“. Die deutsche Vereinigung als Sportereignis, in: Sabrow, Martin/Siebeneichner, Tilmann/Weiß, Peter Ulrich (Hg.): 1989 – (K)eine Zäsur? Göttingen 2021, S. 120–143.

Braun, Jutta: DDR-Doping: Strukturen und Schicksale. Ein Blick auf die historischen Hintergründe und exemplarische Biografien, in: Gemeinsam aus dem Schatten ins Licht. Dokumentation zum Symposium „Doping und seine Folgen“ (24. August 2019, Bad Blankenburg), hrsg. von der Thüringer Staatskanzlei und dem LSB Thüringen. Erfurt 2020, S. 8–13.

Braun, Jutta: Sports and Society in the Rivalry between East and West, in: Bösch, Frank (ed.): A history shared and divided. East and West Germany since the 1970s. New York/Oxford 2018, S. 501–550.

Braun, Jutta: Thüringer Sportler in der Diktatur, in: Braun, Jutta/Barsuhn, Michael (Hg.): Zwischen Erfolgs- und Diktaturgeschichte. Perspektiven der Aufarbeitung des DDR-Sports in Thüringen. Göttingen 2015, S. 19–145.

Braun, Jutta/Barsuhn, Michael (Hg.): Zwischen Erfolgs- und Diktaturgeschichte. Perspektiven der Aufarbeitung des DDR-Sports in Thüringen. Göttingen 2015.

Braun, Jutta/Wiese, René: Kaderschmieden im Wandel. Erosion und Transformation im Brandenburger Sport, in: Braun, Jutta/Weiß, Peter Ulrich: Agonie und Aufbruch.

Das Ende der SED-Herrschaft und die Friedliche Revolution in Brandenburg. Potsdam 2014, S. 280–303.

Braun, Jutta: Enquete-Gutachten zum Themenfeld „Sport" für die Enquete-Kommission 5/1 des Brandenburger Landtages Potsdam, 13.1.2013 (unter Mitarbeit von René Wiese und Carina Sophia Linne).

Braun, Jutta: „Sportfreund Mielke". Das Ministerium für Staatssicherheit und der Kalte Krieg im Sport, in: Collado Seidel, Carlos (Hg.): Geheimdienste. Diplomatie. Krieg. Das Räderwerk der internationalen Beziehungen. Berlin u. a. 2013, S. 103–116.

Braun, Jutta/Wiese, René: Eine sportliche „Fürsorgediktatur"? Planung, Förderung und Repression im Sport der DDR, in: Horch und Guck (2012), Heft 75, S. 4–9.

Braun, Jutta/Wiese, René: „Sportverräter" zwischen Ost und West, in: Blecking, Diethelm/Peiffer, Lorenz (Hg.): Sportler im „Jahrhundert der Lager". Profiteure, Widerständler und Opfer. Göttingen 2012, S. 164–174.

Braun, Jutta/Wiese, René: „Historische Einführung", in: Wiese, René/Braun, Jutta/de la Garza, Claudia: ZOV Sportverräter. Spitzenathleten auf der Flucht. Berlin 2011, S. 73–116.

Braun, Jutta: Die Stasi sagte: „Der Kopf muss weg!" Zur strafrechtlichen und gesellschaftlichen Aufarbeitung des SED-Unrechts im Sport, in: Horch und Guck 2 (2010), S. 38–43.

Braun, Jutta: Dopen für Deutschland – die Diskussion im vereinten Sport 1990–1992, in: Latzel, Klaus/ Niethammer, Lutz (Hg.): Hormone und Hochleistung. Doping zwischen Ost und West. Köln 2008, S. 151–170.

Braun, Jutta: "Very nice, the enemies are gone. Coming to Terms with GDR Sports since 1989/90", in: Historical Social Research 32 (2007), Vol. 1 (Special Issue: Sport and Dictatorship, ed. by Jutta Braun/René Wiese), S. 172–185.

Braun, Jutta/Wiese, René (Hg.): Zur politischen und gesellschaftlichen Rolle des Sports in den deutschen Diktaturen des 20. Jahrhunderts; On the Political and Social Role of Sports in the German Dictatorships of the 20th Century. Special Issue of Historische Sozialforschung; Historical Social Research, Köln 2007.

Bräutigam, Hansgeorg: Die Aufarbeitung des SED-Unrechts. Erinnerungen eines Richters. Berlin 2021.

Delow, Anke: Fallstudie TSC Berlin: Zur leistungssportlichen Praxis in der DDR, in: Teichler, Hans Joachim/Reinartz, Klaus: Das Leistungssportsystem der DDR in den 80er Jahren und im Prozeß der Wende. Schorndorf 1999, S. 212–257.

Deutsches Olympisches Institut (Hg.): Eliteschulen des Sports? Aufgabenfeld für eine erfolgreiche Kooperation von Sport, Schule und Wirtschaft! Ziele, Erfahrungen und Probleme. DOI-Symposium am 17. und 18. November 1999 (DOI-Dokumente, Bd. 5) Berlin 1999.

Engel, Rabea: Doping in der DDR: Eine rechtshistorische und strafrechtliche Aufarbeitung. Hamburg 2010.

Fechner, Carmen: Mit Erich Mielke an die Sport-Spitze, in: Horch und Guck 1/2012, S. 42– 45.

Fetzer, Thomas: Die gesellschaftliche Akzeptanz des Leistungssportsystems, in: Teichler, Hans Joachim (Hg.): Sport in der DDR. Eigensinn, Konflikte, Trends. Köln 2003, S. 273–357.

Franke, Werner: Funktion und Instrumentalisierung des Sports in der DDR: Pharmakologische Manipulation (Doping) und die Rolle der Wissenschaft, in: Materialien der Enquete-Kommission „Überwindung der Folgen der SED-Diktatur in Deutschland“, Bd. III, 1, Baden-Baden 1995, S. 904–1143.

Franke, Werner/De Marées, Horst: Sportmedizin und Sportwissenschaft im Dienste des Staatsauftrages „Sport“, in: Materialien der Enquete-Kommission „Aufarbeitung von Geschichte und Folgen der SED-Diktatur in Deutschland“, Bd. III, 2, Baden-Baden 1995, S. 675–705.

Frei, Norbert/van Laak, Dirk/Stolleis, Michael (Hg.): Geschichte vor Gericht. Historiker, Richter und die Suche nach Gerechtigkeit. München 2000.

Galandi, Michaela: Die strafrechtliche Aufarbeitung von DDR-Zwangsdoping. Baden-Baden 2022.

Geipel, Ines: Verlorene Spiele. Journal eines Doping-Prozesses. Berlin 2001.

Hennings, Alexa: Aufgeben gab es nicht. Die Geschichte eines Turnermädchens in der DDR, in: Die Landesbeauftragte für Mecklenburg-Vorpommern für die Aufarbeitung der SED-Diktatur (Hg.): DDR-Staatsdoping und Sportgeschädigte. Zur Aufarbeitung des DDR-Leistungssportsystems und der gesundheitlichen Folgeschäden, Schwerin 2023, S. 24–34.

Köhler, Thomas: Zwei Seiten der Medaille. Berlin 2010.

Krüger, Michael (Hg.): Doping und Anti-Doping in der Bundesrepublik Deutschland 1950 bis 2007. Hildesheim 2014.

Krüger, Michael (Hg.): Sportmedizin in Deutschland. Historische Facetten. Hildesheim 2016.

Landesbeauftragte für Mecklenburg-Vorpommern für die Aufarbeitung der SED-Diktatur (Hg.): DDR-Staatsdoping und Sportgeschädigte. Zur Aufarbeitung des DDR-Leistungssportsystems und der gesundheitlichen Folgeschäden, Schwerin 2023.

Landesbeauftragte für Mecklenburg-Vorpommern für die Unterlagen des Staatssicherheitsdienstes der ehemaligen DDR: Staatsdoping in der DDR. Eine Einführung. Schwerin 2018.

Latzel, Klaus: Staatsdoping. Der VEB Jenapharm im Sportsystem der DDR. Köln 2009.

Latzel, Klaus/Niethammer, Lutz (Hg.): Hormone und Hochleistung: Doping in Ost und West, Köln 2008.

Lindenberger, Thomas: Herrschaft und Eigen-Sinn in der Diktatur. Studien zur Gesellschaftsgeschichte der DDR. Köln 1999.

Luhmann, Niklas: Legitimation durch Verfahren. Neuwied 1969.

Marxen, Klaus/Werle, Gerhard (Hg.): Strafjustiz und DDR-Unrecht. Dokumentation. Bd. 7: Gefangenenmisshandlung, Doping und sonstiges DDR-Unrecht. Berlin 2009.

Mau, Stefan/Lux, Thomas/Westheuser, Linus: Triggerpunkte. Konflikt und Konsens in der Gegenwartsgesellschaft. Berlin 2023.

Meyer, Michael/Kellner-Zotz, Bianca: Wir sind die anderen. Ostdeutsche Medienmenschen und das Erbe der DDR. Köln 2023.

Niklas, D./Jeitner, G./Reumuth, V.: Analyse der Wechselbeziehungen von Training, u. M. und Leistungsentwicklung in den leichtathletischen Sprung-/Mehrkampfdisziplinen im Olympiazyklus 1980/84. Unveröffentlichte Studie, FKS Leipzig 1986.

Oschmann, Dirk: Der Osten: eine westdeutsche Erfindung. Berlin 2023.

Piel, Mario/Schäfer, Petra: Gefangenenmisshandlung, Doping und sonstiges DDR-Unrecht. Berlin 2009.

Reinhardt, Sybille: Schattengold. Eine Olympiasiegerin erzählt. Taucha 2008.

Richter, Daniela: Doping als Gesundheitsschutz für Sportler? Eine Annäherung an Motivationen und Erklärungen von Verantwortlichen im DDR-Leistungssport, in: Die Landesbeauftragte für Mecklenburg-Vorpommern für die Aufarbeitung der SED-Diktatur, Schwerin 2023, S. 82–95.

Paoli, Letizia/Hoppeler, Hans/Mahler, Helmut/Simon, Perikles/Sörgel, Fritz/Treutlein, Gerhard: Doping für Deutschland. Die „Evaluierungskommission Freiburger Sportmedizin“: Geschichte, Ergebnisse und sportpolitische Forderungen. Bielefeld 2022.

Purschke, Thomas: Intrigen, Betrug und Stasi-Spitzel. Das Wirken der Stasi bei den Jenaer Leichtathleten, in: Gerbergasse 18 (2001), H. 6, S. 2–4.

Purschke, Thomas: Staatsplan Sieg. Die Instrumentalisierung des DDR-Wintersports am Beispiel Oberhof. Zella-Mehlis 2004.

Reichhelm, Cornelia: Doping-Kinder des Kalten Krieges: Vom Staat geliebt – Vom Staat missbraucht. Berlin 2014.

Richter, Daniela: Wissenschaftlich begründet? Politische Einflussnahmen, Geheimhaltung und Forschungen am Forschungsinstitut für Körperkultur und Sport. Leipzig/ Schwerin 2021.

Schaarschmidt, Thomas/Handro, Saskia: Aufarbeitung der Aufarbeitung. Die DDR im geschichtskulturellen Diskurs. Schwalbach 2011.

Seppelt, Hans-Joachim/Schück, Holger (Hg.): Anklage: Kinderdoping. Das Erbe des DDR-Sports. Berlin 1999, S. 299–306.

Singler, Andreas/Treutlein, Gerhard: Doping im Spitzensport. Sportwissenschaftliche Analysen zur nationalen und internationalen Leistungsentwicklung. Aachen 2000.

Singler, Andreas/Treutlein, Gerhard: Doping – Von der Analyse zur Prävention, Teil 2, Aachen 2001.

Spitzer, Giselher/Eggers, Erik/Schnell, Holger Jens/Wisniewska, Yasmin: Siegen um jeden Preis. Doping in Deutschland: Geschichte, Recht, Ethik 1972–1990. Göttingen 2013.

Spitzer, Giselher: Wunden und Verwundungen. Sportler als Opfer des DDR-Dopingsystems. Eine Dokumentation. Köln 2007.

Spitzer, Giselher: Sicherungsvorgang Sport. Das Ministerium für Staatssicherheit und der DDR-Spitzensport. Schorndorf 2005.

Spitzer, Giselher: Fußball und Triathlon. Sportentwicklung in der DDR. Aachen 2004.

Spitzer, Giselher: Doping in der DDR. Lehren aus der Analyse eines devianten Systems, in: Hartmann, Wolfgang/Müller-Platz, Carl (Red.): Sportwissenschaftler und Sportwissenschaftlerinnen gegen Doping. Köln 2002, S. 37–48.

Spitzer, Giselher: Doping in the former GDR, in: Peters, C./Schulz, T./Michna, H. (Hg.): Biomedical Side Effects of Doping. Köln 2001, S. 115–125.

Spitzer, Giselher: Auftrag Politbüro: Spitzensport – Spritzensport – Spitzelsport. Die Drahtzieher des systematischen Staatsdopings, in: Seppelt, Hans-Joachim/ Schück, Holger (Hg.): Anklage: Kinderdoping. Das Erbe des DDR-Sports. Berlin 1999, S. 97–115.

Spitzer, Giselher: Spätschäden durch Doping bei Sportlern der ehemaligen DDR, in: Müller-Platz, Carl (Red.): Leistungsmanipulation: eine Gefahr für unsere Sportler. Köln 1999, S. 27–46.

Spitzer, Giselher/Teichler, Hans Joachim (Hg.): Schlüsseldokumente zum DDR-Sport: ein sporthistorischer Überblick in Originalquellen. Aachen 1998.

Spitzer, Giselher: Doping in der DDR. Ein historischer Überblick zu einer konspirativen Praxis. Genese, Verantwortung, Gefahren. Köln 1998.

Spitzer, Giselher: Der innerste Zirkel: Von der Leistungssportkommission des Deutschen Turn- und Sportbundes zur LSK der DDR, in: Sportwissenschaft (1995), H. 4, S. 360–375.

Strauzenberg, Stanley Ernest/Gürtler, Hans: Die Sportmedizin der DDR. Ein Zeitzeugenbericht führender Sportmedizinerinnen und Sportmediziner der DDR aus den Jahren 1945 bis 1990. Dresden 2005, S. 226–234.

Teichler, Hans Joachim: Doping in der Endphase der DDR und im Prozess der Wende 1989/90, in: Latzel, Klaus/Niethammer, Lutz (Hg.): Hormone und Hochleistung. Doping in Ost und West. Köln u. a. 2008, S. 139–150.

Teichler, Hans Joachim: Die Sportbeschlüsse des Politbüros. Eine Studie zum Verhältnis von SED und Sport mit einem Gesamtverzeichnis und einer Dokumentation ausgewählter Beschlüsse. Köln 2002.

Teichler, Hans Joachim: Herrschaft und Eigensinn im DDR-Sport, in: Krüger, Michael (Hg.): Transformation des deutschen Sports seit 1939. Jahrestagung der dvs-Sektion Sportgeschichte vom 16.–18.06.2000 in Göttingen. Hamburg 2001, S. 233–249.

Teichler, Hans Joachim: Bruderzwist an der Doping-Front. Als die Sowjetunion der DDR das Handwerk legen wollte, in: Seppelt, Hans-Joachim/Schück, Holger (Hg.): Anklage: Kinderdoping. Das Erbe des DDR-Sports. Berlin 1999, S. 299–306.

Teichler, Hans Joachim/Reinartz, Klaus: Das Leistungssportsystem der DDR in den 80er Jahren und im Prozess der Wende. Schorndorf 1999.

Tröger, Walther: Förderung der Eliteschulen als Gemeinschaftsaufgabe, in: NOK-Report (1997), Nr. 7 (Archiv: www.nok.de; 28.08.2010).

Ulmen, Karl-Joseph: Pharmakologische Manipulation (Doping) im Leistungssport der DDR: Eine juristische Untersuchung. Frankfurt am Main 2000.

Ungerleider, Steven: Faust's Gold. Inside the East German Doping Machine. New York 2001.

Wiese, René: Kaderschmieden des „Sportwunderlandes". Die Kinder- und Jugendsportschulen der DDR. Hildesheim 2012.

Wiese, René/Braun, Jutta/Garza, Claudia de la: ZOV Sportverräter. Spitzensportler auf der Flucht. Berlin 2011.

Wiese, René: Staatsgeheimnis Sport – Die Abschottung des Leistungssportsystems der DDR, in: Historical Social Research 32 (2007), Vol.1 1 (Special Issue: Sport and Dictatorship, ed. by Jutta Braun/René Wiese), S. 154–171.

Wiese, René: Der Ursprung der Kinder- und Jugendsportschulen der DDR 1949 bis 1952 – eine sowjetische Geburt? in: Deutschland-Archiv (2004), Nr. 3, S. 422–430.

Ziemer, Klaus-Rüdiger: Zur Eliteschule des Sports 1996, in: Boelcke, Joachim u. a.: Damit Talente Sieger werden. Geschichte der Sportschule Friedrich-Ludwig-Jahn. Wilhelmshorst 2002, S. 137–156.

Die Autoren

Dr. Jutta Braun und Dr. René Wiese leiten seit 2004 gemeinsam das Zentrum deutsche Sportgeschichte in Berlin. Sie haben vielfältig zum Sport in Diktaturen, zum DDR-Sport, zu den deutsch-deutschen Sportbeziehungen im Kalten Krieg sowie zum Prozess der deutschen Vereinigung im Sport publiziert. Zudem haben sie verschiedene Ausstellungen, u. a. „Doppelpässe. Wie die Deutschen die Mauer umspielten" (2006) sowie „ZOV Sportverräter – Spitzensportler auf der Flucht" (2011), kuratiert.

Weitere Veröffentlichungen, u. a.:
Braun, Jutta: Wettkampf der Systeme. Sport im geteilten Deutschland. Berlin 2024.
Wiese, René: Kaderschmieden des „Sportwunderlandes". Die Kinder- und Jugendsportschulen der DDR. Hildesheim 2012.
Wiese, René/Braun, Jutta: Ästhetik und Politik. Deutsche Sportfotografie im Kalten Krieg. Hildesheim 2010.

Dank

Die Autoren danken Charis Klingohr (Thüringer Staatskanzlei) und Anke Schiller-Mönch (LSB Thüringen) sehr herzlich für die gute Zusammenarbeit. Großer Dank gilt zudem Christian Becker vom Arete Verlag für die umsichtige Betreuung der Publikation.